Convenience Store

【動画で学ぶ】

コンビニの日本語

一般社団法人 全国各種学校日本語教育協会

SHIGOTO NO NIHONGO

ask

はじめに

近年、日本のコンビニでは、外国籍の店員が多くいる店舗が増えてきました。日本で就職したいという外国人も増えています。本書は、日本で仕事をしたい、コンビニで働きたいという外国人のための書籍です。初中級者を対象とし、3～6か月で全体を学ぶことができます。JLPT N4～N3、あるいは「日本語教育の参照枠」A2程度の実力があれば、チャレンジできるでしょう。

本書では、主人公であるジャンさんがコンビニの仕事に関わりながら、成長する過程を通じて学んでいきます。業界用語などの知識だけでなく、お客様に対応するときや、店長からの指示を受けるときなどの活きた日本語を、会話を通して身につけることができます。

また、翻訳や動画、音声がついていますので、独学でも教室でも無理なく学習できます。これからコンビニで働きたい人は第1課から学習し、すでに仕事をしている人は興味のある課から始めてもいいでしょう。各課の学習に入ったら、常に目標を意識しながら進め、会話の動画を学習の前後に何度も見て、自然な会話を学んでください。

読者の方々が、本書を活用して日本のビジネス文化の一端を知り、日本で働くための基本的な考え方や、ビジネス日本語の基礎をマスターすることを心から願っています。

最後に、本書の出版にあたり、多くの関係者の皆様にご協力をいただきました。厚く御礼申し上げます。

著者一同

目次

この本の構成と使い方

1　本書の構成

この本は、留学生として日本に住んでいるジャンさんが、コンビニで働くようになり、アルバイトからアルバイトリーダー、店長候補になるまでの成長ストーリーを軸にしています。コンビニでのお客様との会話、店長との会話を場面ごとにまとめました。

	課	ジャンさんの立場	話す相手
STEP 1 コンビニへ行こう	第1課～第3課	お客様	店員／店長
STEP 2 コンビニで働こう ～お客様対応～	第4課～第11課	店員（アルバイト）	お客様
STEP 3 コンビニで働こう ～店長への報・連・相～	第12課～第19課	店員（アルバイト）	店長
STEP 4 コンビニで成長しよう	第20課～第23課	店員（アルバイトリーダー）	店長／新人アルバイト

2　本書の使い方

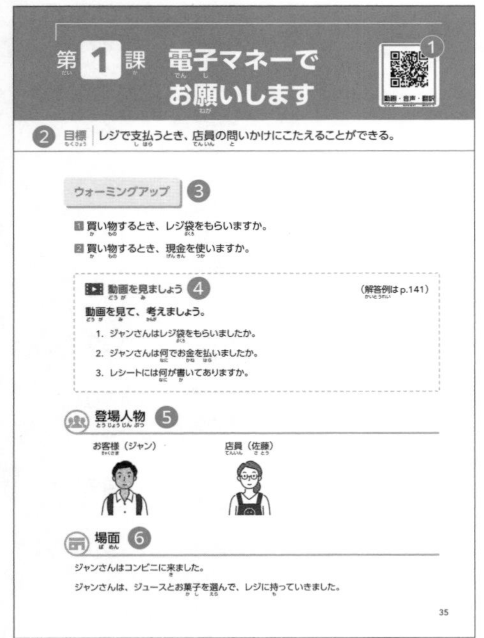
第1課　電子マネーでお願いします　①
動画・音声・翻訳
② 目標　レジで支払うとき、店員の問いかけにこたえることができる。
ウォーミングアップ ③
1 買い物するとき、レジ袋をもらいますか。
2 買い物するとき、現金を使いますか。
動画を見ましょう ④　（解答例はp.141）
動画を見て、考えましょう。
1. ジャンさんはレジ袋をもらいましたか。
2. ジャンさんは何でお金を払いましたか。
3. レシートには何が書いてありますか。
登場人物 ⑤
お客様（ジャン）　店員（佐藤）
場面 ⑥
ジャンさんはコンビニに来ました。
ジャンさんは、ジュースとお菓子を選んで、レジに持っていきました。
35

①QRコードから、各課の「動画」「音声」「翻訳」を見ましょう。

②目標

その課の目標を確認します。

③ウォーミングアップ

質問が1つか2つあります。あなたの国や町、またはあなたの知っているコンビニについて、考えてみましょう。ウォーミングアップには、解答例がありません。メモをしたり、周りの人と話したりしてみましょう。

❹動画を見ましょう

動画を見てください。動画を見た後に、3つの質問について考えてみましょう。

内容がわかるまで何度も見ましょう。

❺登場人物

この課に登場する人たちを確認してください。特に、ジャンさんの立場に注目しましょう。

❻場面

動画の場面を確認しましょう。

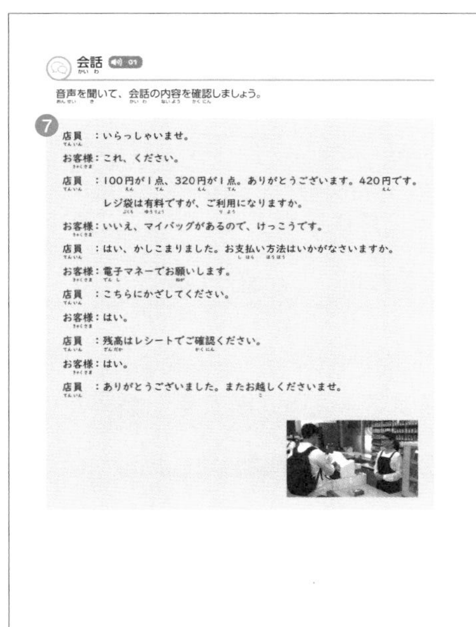

会話 01

音声を聞いて、会話の内容を確認しましょう。

7

店員　：いらっしゃいませ。
お客様：これ、ください。
店員　：100円が1点、320円が1点。ありがとうございます。420円です。
　　　　レジ袋は有料ですが、ご利用になりますか。
お客様：いいえ、マイバッグがあるので、けっこうです。
店員　：はい、かしこまりました。お支払い方法はいかがなさいますか。
お客様：電子マネーでお願いします。
店員　：こちらにかざしてください。
お客様：はい。
店員　：残高はレシートでご確認ください。
お客様：はい。
店員　：ありがとうございました。またお越しくださいませ。

36

❼会話

会話動画のスクリプトです。スクリプトを見ながら音声を聞いてください。知らない言葉や表現の意味は、翻訳を見て確認しましょう（翻訳についてはp.30を見てください）。

声を出して練習しましょう。次のような練習が効果的です。

① まずは音声をよく聞く

② 一文ごとに音声を止めて、リピートする

③ 音声に少し遅れて同じように言ってみる
　（シャドーイング）

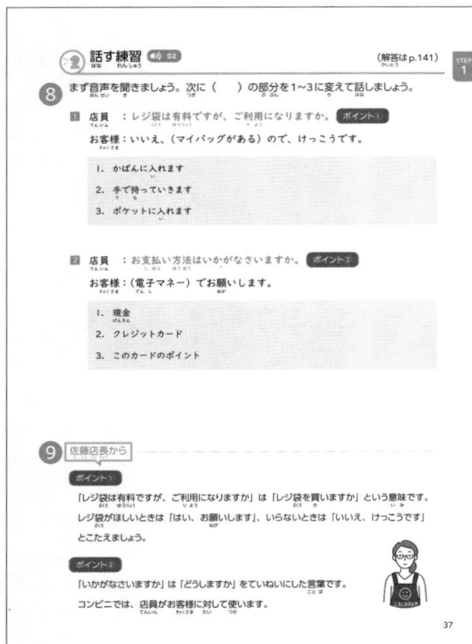

話す練習 02 (解答はp.141) STEP 1

8 まず音声を聞きましょう。次に（　　）の部分を1～3に変えて話しましょう。

1 店員　：レジ袋は有料ですが、ご利用になりますか。 ポイント1

お客様：いいえ、（マイバッグがある）ので、けっこうです。

1. かばんに入れます
2. 手で持っていきます
3. ポケットに入れます

2 店員　：お支払い方法はいかがなさいますか。 ポイント2

お客様：（電子マネー）でお願いします。

1. 現金
2. クレジットカード
3. このカードのポイント

9 佐藤店長から

ポイント1

「レジ袋は有料ですが、ご利用になりますか」は「レジ袋を買いますか」という意味です。レジ袋がほしいときは「はい、お願いします」、いらないときは「いいえ、けっこうです」とこたえましょう。

ポイント2

「いかがなさいますか」は「どうしますか」をていねいにした言葉です。コンビニでは、店員がお客様に対して使います。

37

8 話す練習

まず音声を聞きます。その後、（　　）の部分を　　　の1～3に変えて言う練習をしましょう。スムーズに言えるようになるまで、何度も練習しましょう。

9 佐藤店長から

コンビニでの会話や、仕事のポイントが説明されています。よく読んで、理解しましょう。

問題 (解答はp.141)

1 正しいものを①②③から選びましょう。

Q1. レジ袋がいらないとき、お客様は何と言いますか。

①ありがとうございます。　②けっこうです。　③お願いします。

Q2.「いかがなさいますか」はどういう意味ですか。

①元気ですか。　②どうなりますか。　③どうしますか。

Q3. お客様が電子マネーで支払うとき、店員は何と言いますか。

①こちらにかざしてください。

②そちらにつけてください。

③あちらに見せてください。

2 音声を聞いて、①②③からいちばんいい答えを選びましょう。 03

Q1.（　　）　Q2.（　　）　Q3.（　　）

3 ジャンさんはコンビニで買い物をした後、作文を書きました。

□の中から適当な言葉を選んで、①～⑥の（　　）にa~fを入れましょう。記号は一度しか使えません。

先週、初めて日本のコンビニで買い物をしました。レジで、（①　　）がいるかどうか聞かれました。私は（②　　）を持っていたので、買いませんでした。お金を払うとき、今度は（③　　）を聞かれました。私は（④　　）を持っていなかったので、（⑤　　）で払いました。（⑤）はおつりがないので、とても便利です。コンビニの（⑥　　）はずっとニコニコして、とてもていねいに話してくれました。私もコンビニで働いてみたいと思いました。

a. 現金　b. マイバッグ　c. 店員　d. 電子マネー　e. レジ袋　f. 支払い方法

38

1 会話で学習した表現や、コンビニの仕事のポイントなどに焦点を当てています。この課の内容が理解できているか確認しましょう。

2 音声を聞いて答える問題です。音声だけで理解できるかどうか、確認しましょう。

3 主にその課で学習した言葉や表現の理解を確認する問題ですが、課によっては新しい言葉の問題や、コンビニの仕事について問うものもあります。

やってみよう

各STEPの最後の課には、「やってみよう」があります。それまで学習したことを応用して、ぜひチャレンジしてください。クラスメイトや周りの人に意見を聞いたり、話し合ったりしてもいいでしょう。

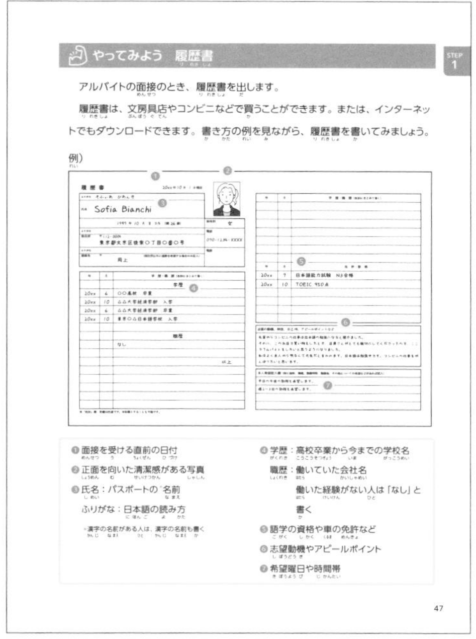

やってみよう　履歴書

STEP 1

アルバイトの面接のとき、履歴書を出します。

履歴書は、文房具店やコンビニなどで買うことができます。または、インターネットでもダウンロードできます。書き方の例を見ながら、履歴書を書いてみましょう。

例）

Sofia Bianchi

❶ 面接を受ける直前の日付

❷ 正面を向いた清潔感がある写真

❸ 氏名：パスポートの名前

ふりがな：日本語の読み方

※漢字の名前がある人は、漢字の名前も書く

❹ 学歴：高校卒業から今までの学校名

職歴：働いていた会社名

働いた経験がない人は「なし」と書く

❺ 語学の資格や車の免許など

❻ 志望動機やアピールポイント

❼ 希望曜日や時間帯

47

コラム

各STEPの最後に「コラム」があります。コンビニの仕事に役立つ情報が書いてあります。これを読めば、コンビニのことをより深く知ることができるでしょう。

巻末には、次のものがあります。

- 「動画を見ましょう」の解答例
- 「話す練習」の解答
- 問題1～3の解答
- 問題2のスクリプト

それぞれ答え合わせをして、理解度をチェックしてください。

Structure of This Book & How to Use It

1 Structure of this book

This book mainly uses the story of Jan-san, an international student living in Japan, who begins working at a convenience store and progresses from being a part-time worker to becoming a part-time leader and a candidate for store manager. It summarizes conversations with customers and store managers at convenience stores by scene.

	Lesson	Jan-san's position	person to talk to
STEP 1 Let's go to the convenience store	Lessons 1 to 3	customer	Clerk/Manager
STEP 2 Let's work at a convenience store ~Customer support~	Lessons 4 to 11	Clerk (part-time)	customer
STEP 3 Let's work at a convenience store ~Report/Contact/Consultation to store manager~	Lessons 12 to 19	Clerk (part-time)	Store manager
STEP 4 Let's work at a convenience store	Lessons 20 to 23	Clerk (part-time leader)	Store manager/New part-time worker

2 How to use this book

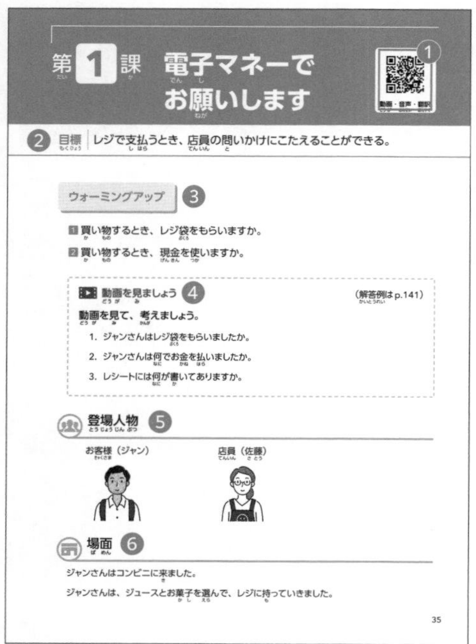

第1課 電子マネーでお願いします
1
動画・音声・翻訳
2 目標 レジで支払うとき、店員の問いかけにこたえることができる。
ウォーミングアップ 3
1 買い物するとき、レジ袋をもらいますか。
2 買い物するとき、現金を使いますか。
動画を見ましょう 4
（解答例はp.141）
動画を見て、考えましょう。
1. ジャンさんはレジ袋をもらいましたか。
2. ジャンさんは何でお金を払いましたか。
3. レシートには何が書いてありますか。
登場人物 5
お客様（ジャン）
店員（佐藤）
場面 6
ジャンさんはコンビニに来ました。
ジャンさんは、ジュースとお菓子を選んで、レジに持っていきました。
35

❶From the QR code, you can view each lesson's video, audio, and translation.

❷Goals
You can check the goals of the section.

❸Warming up
You can see one or two questions. Let's think about your country or town or about a convenience store you know. There are no example answers in the warm-up section. Let's take notes or talk to people around you.

❹Let's watch the video

Please watch the video. After watching the video, think about these three questions. Watch it many times until you understand the content.

❺Characters

Check out the people featured in this lesson. In particular, pay attention to Jan-san's position.

❻Scene

Check out the scene from the video.

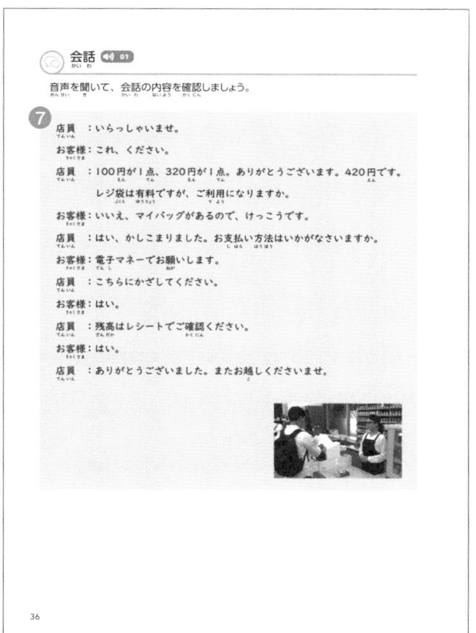

会話 01

音声を聞いて、会話の内容を確認しましょう。

❼

店員　：いらっしゃいませ。

お客様：これ、ください。

店員　：100円が1点、320円が1点。ありがとうございます。420円です。
レジ袋は有料ですが、ご利用になりますか。

お客様：いいえ、マイバッグがあるので、けっこうです。

店員　：はい、かしこまりました。お支払い方法はいかがなさいますか。

お客様：電子マネーでお願いします。

店員　：こちらにかざしてください。

お客様：はい。

店員　：残高はレシートでご確認ください。

お客様：はい。

店員　：ありがとうございました。またお越しくださいませ。

36

❼Conversation

Here is a video script. Listen to the audio while reading the script. Check the translation for the meanings of words and expressions you don't know. (See p.30 for the translation.)

Practice by speaking out. The effective exercises are shown below:

① First, listen to the audio carefully.

② Stop and repeat the audio after each sentence.

③ Try repeating the same words or sentences soon after the audio. (shadowing)

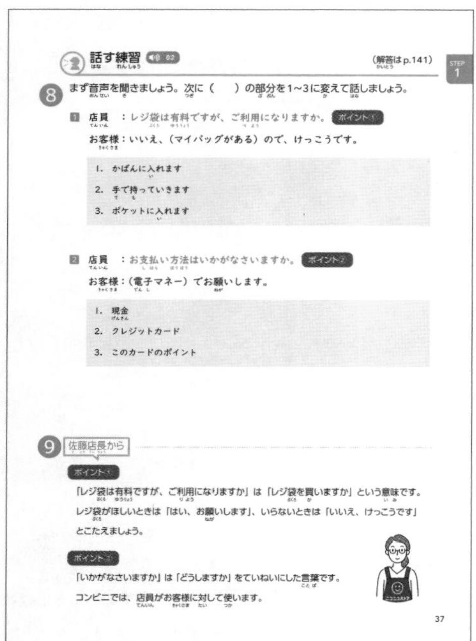

話す練習 02　(解答はp.141)　STEP 1

8 まず音声を聞きましょう。次に(　　)の部分を1~3に変えて話しましょう。

1 店員　：レジ袋は有料ですが、ご利用になりますか。ポイント①
お客様：いいえ、(マイバッグがある)ので、けっこうです。

1. かばんに入れます
2. 手で持っていきます
3. ポケットに入れます

2 店員　：お支払い方法はいかがなさいますか。ポイント②
お客様：(電子マネー)でお願いします。

1. 現金
2. クレジットカード
3. このカードのポイント

9 佐藤店長から

ポイント①
「レジ袋は有料ですが、ご利用になりますか」は「レジ袋を買いますか」という意味です。
レジ袋がほしいときは「はい、お願いします」、いらないときは「いいえ、けっこうです」とこたえましょう。

ポイント②
「いかがなさいますか」は「どうしますか」をていねいにした言葉です。
コンビニでは、店員がお客様に対して使います。

37

⑧Speaking practice
First, listen to the audio carefully. After listening, change words with the examples 1-3 listed in ▭ and practice the sentences by reading them. Practice again and again until you can say the sentences smoothly.

⑨From Manager Sato
Here refers to the conversations at convenience stores and the explanation of the keywords of the job. Please read carefully and understand the contents.

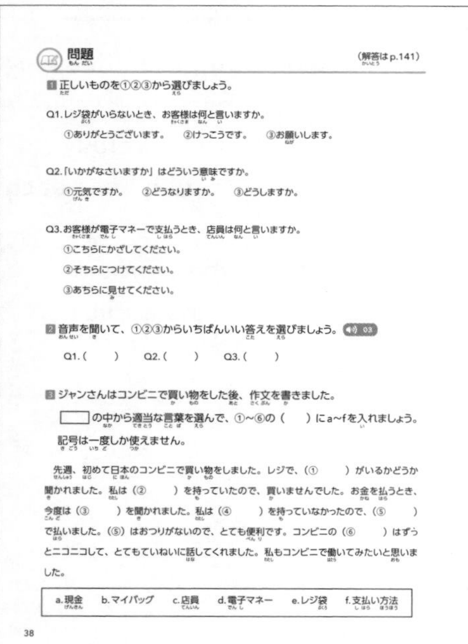

問題　(解答はp.141)

1 正しいものを①②③から選びましょう。

Q1. レジ袋がいらないとき、お客様は何と言いますか。
①ありがとうございます。　②けっこうです。　③お願いします。

Q2.「いかがなさいますか」はどういう意味ですか。
①元気ですか。　②どうなりますか。　③どうしますか。

Q3. お客様が電子マネーで支払うとき、店員は何と言いますか。
①こちらにかざしてください。
②そちらにつけてください。
③あちらに見せてください。

2 音声を聞いて、①②③からいちばんいい答えを選びましょう。03

Q1.(　　)　Q2.(　　)　Q3.(　　)

3 ジャンさんはコンビニで買い物をした後、作文を書きました。
▭の中から適当な言葉を選んで、①~⑥の(　　)にa~fを入れましょう。
記号は一度しか使えません。

先週、初めて日本のコンビニで買い物をしました。レジで、(①　　)がいるかどうか聞かれました。私は(②　　)を持っていたので、買いませんでした。お金を払うとき、今度は(③　　)を聞かれました。私は(④　　)を持っていなかったので、(⑤　　)で払いました。(⑤)はおつりがないので、とても便利です。コンビニの(⑥　　)はずうとニコニコして、とてもていねいに話してくれました。私もコンビニで働いてみたいと思いました。

a.現金	b.マイバッグ	c.店員	d.電子マネー	e.レジ袋	f.支払い方法

38

1 Question No.1 focuses on the expressions learned through conversation and work at a convenience store. Make sure you understand the contents of this lesson.

2 Question No.2 is a question to answer by listening to the audio. Let's see if you can understand it just by listening.

3 Question 3 is mainly to check your understanding of the words and expressions learned in that lesson. Depending on the lesson, there are questions about new words and jobs at convenience stores.

Let's try

At each STEP's end is a "Let's try" lesson. Apply what you have learned so far and take on the challenge. You can also ask your classmates and people around you for their opinions and discuss them.

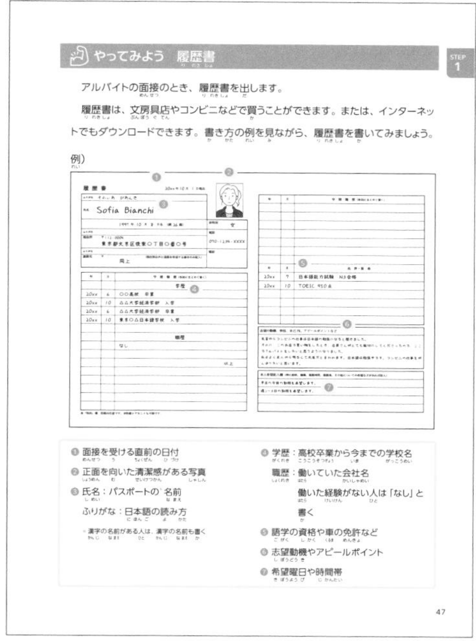

STEP 1

やってみよう　履歴書

アルバイトの面接のとき、履歴書を出します。

履歴書は、文房具店やコンビニなどで買うことができます。または、インターネットでもダウンロードできます。書き方の例を見ながら、履歴書を書いてみましょう。

例）

Sofia Bianchi

❶ 面接を受ける直前の日付
❷ 正面を向いた清潔感がある写真
❸ 氏名：パスポートの名前
ふりがな：日本語の読み方
＊漢字の名前がある人は、漢字の名前も書く
❹ 学歴：高校卒業から今までの学校名
職歴：働いていた会社名
働いた経験がない人は「なし」と書く
❺ 語学の資格や車の免許など
❻ 志望動機やアピールポイント
❼ 希望曜日や時間帯

47

Column

There are Columns at the end of each STEP. They contain useful information for convenience store work. By reading this, you can learn more about convenience stores.

The following items are included at the end.

- Example answers to "Let's watch the video"
- Answers to "Speaking practice"
- Answers to Questions 1 to 3
- Script for Question 2

Check your understanding by checking your answers.

本书的构成与使用方法

1 本书的构成

这本书是以Jan身为一名住在日本的留学生，从开始在超商工作，从兼职人员到兼职人员领班，并成为店长候选人为主轴的成长故事．描述在超商的不同场景与顾客和店长间的对话．

	课	Jan的角色	对话对象
STEP 1 去便利商店	第1课～第3课	客人	店员／店长
STEP 2 在便利商店工作 顾客对应	第4课～第11课	店员（兼职人员）	客人
STEP 3 在便利商店工作 向店长报告 联络 商量	第12课～第19课	店员（兼职人员）	店长
STEP 4 在便利商店的成长	第20课～第23课	店员（兼职人员领班）	店长／新人兼职人员

2 本书的使用方法

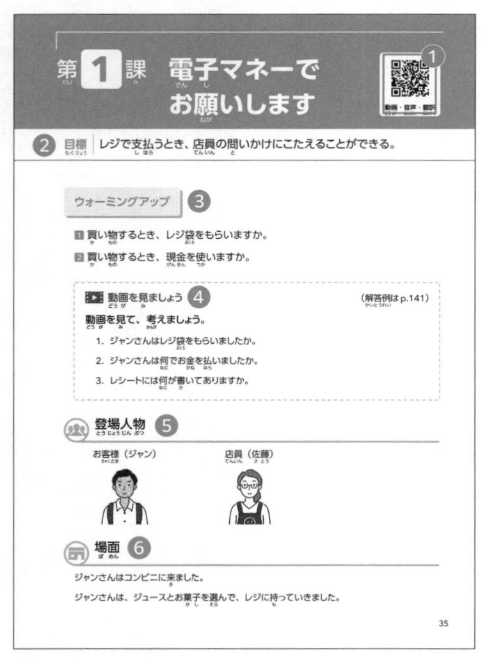
第1課 電子マネーでお願いします ①

動画・音声・翻訳

② 目標 レジで支払うとき、店員の問いかけにこたえることができる。

ウォーミングアップ ③

1 買い物するとき、レジ袋をもらいますか。

2 買い物するとき、現金を使いますか。

動画を見ましょう ④ （解答例はp.141）

動画を見て、考えましょう。

1. ジャンさんはレジ袋をもらいましたか。
2. ジャンさんは何でお金を払いましたか。
3. レシートには何が書いてありますか。

登場人物 ⑤

お客様（ジャン）　店員（佐藤）

場面 ⑥

ジャンさんはコンビニに来ました。

ジャンさんは、ジュースとお菓子を選んで、レジに持っていきました。

35

①读取QR CODE观看各课程的视频，音频，翻译吧．

②目标

确认这一课的学习目标．

③练习题

有一到两个问题．想一想对于你出生的国家或城市的便利商店有多少了解呢？练习题没有正确解答，试着边作笔记边与周遭朋友讨论看看．

④看视频吧

请看视频．看完视频后，请想看看提出的三个问题．反复观看直到明白理解视频的内容．

⑤登场人物

请确认这课登场的人物．特别关注一下Jan的立场．

⑥情境

确认动画的情境吧．

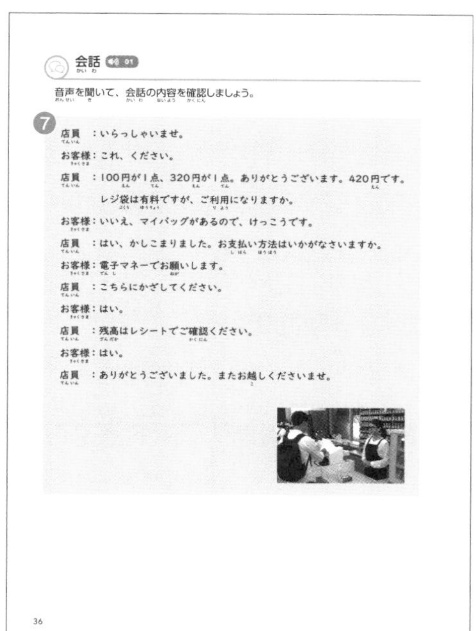

会話 01

音声を聞いて、会話の内容を確認しましょう。

⑦

店員　：いらっしゃいませ。
お客様：これ、ください。
店員　：100円が1点、320円が1点。ありがとうございます。420円です。
　　　　レジ袋は有料ですが、ご利用になりますか。
お客様：いいえ、マイバッグがあるので、けっこうです。
店員　：はい、かしこまりました。お支払い方法はいかがなさいますか。
お客様：電子マネーでお願いします。
店員　：こちらにかざしてください。
お客様：はい。
店員　：残高はレシートでご確認ください。
お客様：はい。
店員　：ありがとうございました。またお越しくださいませ。

36

⑦会话

视频的稿子．请边看稿子边听音频，有不熟悉的单字或表达意思时请看翻譯確認吧．有关翻译请看第30页．

> 请发出声音练习，参照下面步骤练习会有成效
> ① 首先仔细听音频
> ② 每句音频结束后按停止，复诵音频
> ③ 试着比音频晚一点复诵同样的话（跟读法）

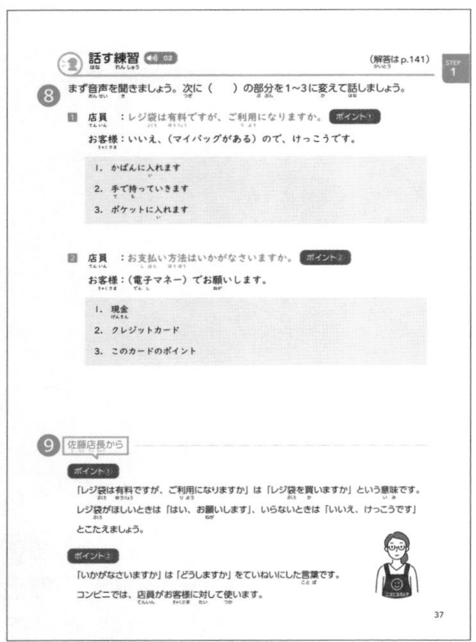

話す練習 02

(解答はp.141)

STEP 1

8 まず音声を聞きましょう。次に(　　)の部分を1~3に変えて話しましょう。

1 店員　：レジ袋は有料ですが、ご利用になりますか。 ポイント1

お客様：いいえ、(マイバッグがある)ので、けっこうです。

1. かばんに入れます
2. 手で持っていきます
3. ポケットに入れます

2 店員　：お支払い方法はいかがなさいますか。 ポイント2

お客様：(電子マネー)でお願いします。

1. 現金
2. クレジットカード
3. このカードのポイント

9 佐藤店長から

ポイント1

「レジ袋は有料ですが、ご利用になりますか」は「レジ袋を買いますか」という意味です。レジ袋がほしいときは「はい、お願いします」、いらないときは「いいえ、けっこうです」とこたえましょう。

ポイント2

「いかがなさいますか」は「どうしますか」をていねいにした言葉です。コンビニでは、店員がお客様に対して使います。

37

❽口说练习

首先先听音频，之后(　　)的部分利用 ______ 里面1-3的句型转换练习．请反复练习到能流利说出来为止．

❾来自佐藤店长

说明便利商店工作的对话及工作内容的重点．请仔细阅读并理解内容．

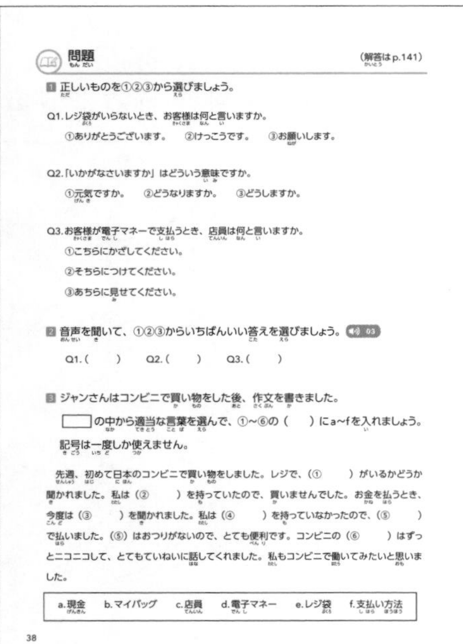

問題

(解答はp.141)

1 正しいものを①②③から選びましょう。

Q1. レジ袋がいらないとき、お客様は何と言いますか。

①ありがとうございます。　②けっこうです。　③お願いします。

Q2.「いかがなさいますか」はどういう意味ですか。

①元気ですか。　②どうなりますか。　③どうしますか。

Q3. お客様が電子マネーで支払うとき、店員は何と言いますか。

①こちらにかざしてください。

②そちらにつけてください。

③あちらに見せてください。

2 音声を聞いて、①②③からいちばんいい答えを選びましょう。 03

Q1.(　　)　Q2.(　　)　Q3.(　　)

3 ジャンさんはコンビニで買い物をした後、作文を書きました。

□の中から適当な言葉を選んで、①~⑥の(　　)にa~fを入れましょう。記号は一度しか使えません。

先週、初めて日本のコンビニで買い物をしました。レジで、(①　　)がいるかどうか聞かれました。私は(②　　)を持っていたので、買いませんでした。お金を払うとき、今度は(③　　)を聞かれました。私は(④　　)を持っていなかったので、(⑤　　)で払いました。(⑤)はおつりがないので、とても便利です。コンビニの(⑥　　)はずっとニコニコして、とてもていねいに話してくれました。私もコンビニで働いてみたいと思いました。

a. 現金　b. マイバッグ　c. 店員　d. 電子マネー　e. レジ袋　f. 支払い方法

38

1在于透过会话学习表达与便利商店的工作重点．请确认到完全理解此课内容．

2是听音频回答问题，请确认只听音频是否能理解．

3各式各样的问题主要确认所学单字与表现的理解度．题目是根据每课的课程内容，有些是针对新词汇而有些则是针对工作内容．

试试看

每个STEP最后一课都有「试试看」. 应用目前的学习内容来挑战看看吧. 可以跟同学或身边的人交换意见并进行讨论.

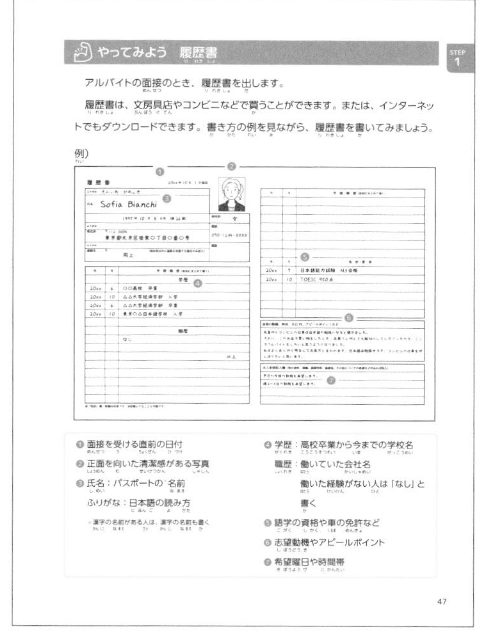

やってみよう　履歴書

STEP 1

アルバイトの面接のとき、履歴書を出します。

履歴書は、文房具店やコンビニなどで買うことができます。または、インターネットでもダウンロードできます。書き方の例を見ながら、履歴書を書いてみましょう。

例）

Sofia Bianchi

❶ 面接を受ける直前の日付
❷ 正面を向いた清潔感がある写真
❸ 氏名：パスポートの名前
ふりがな：日本語の読み方
※漢字の名前がある人は、漢字の名前も書く
❹ 学歴：高校卒業から今までの学校名
職歴：働いていた会社名
働いた経験がない人は「なし」と書く
❺ 語学の資格や車の免許など
❻ 志望動機やアピールポイント
❼ 希望曜日や時間帯

47

专栏

每个STEP的最后都有「专栏」. 内容是对于在便利商店工作有帮助的情报, 读了这些就能更深入了解便利商店的工作内容.

在书尾里有下列的要点

- 「让我们看视频」的解答范例
- 口说练习的解答
- 问题1 - 3的解答
- 问题2的脚本

透过对答案的过程来检视对课文的理解程度.

Cấu trúc và cách sử dụng cuốn sách này

1 Cấu trúc cuốn sách này

Cuốn sách này là câu chuyện kể về sự trưởng thành của bạn Jan, một du học sinh đang sống ở Nhật, người bắt đầu làm việc ở cửa hàng tiện lợi từ vị trí nhân viên làm thêm cho đến quản lý nhân viên làm thêm rồi ứng cử lên vị trí cửa hàng trưởng. Nội dung được tóm tắt theo ngữ cảnh như những cuộc hội thoại với khách hàng trong cửa hàng tiện lợi, hay hội thoại với cửa hàng trưởng.

	Bài	Vị trí của Jan	Đối phương
STEP1 Đi đến cửa hàng tiện lợi	Bài 1~Bài 3	Khách	Nhân viên cửa hàng/Cửa hàng trưởng
STEP2 Làm việc tại cửa hàng tiện lợi ~Hỗ trợ khách hàng~	Bài 4~Bài 11	Nhân viên cửa hàng (nhân viên làm thêm)	Khách hàng
STEP3 Làm việc tại cửa hàng tiện lợi ~Báo cáo • liên lạc • hỏi ý kiến cửa hàng trưởng~	Bài 12~Bài 19	Nhân viên cửa hàng (nhân viên làm thêm)	Cửa hàng trưởng
STEP4 Trưởng thành tại cửa hàng tiện lợi	Bài 20~Bài 23	Nhân viên cửa hàng (quản lý nhân viên làm thêm)	Cửa hàng trưởng/Công việc bán thời gian mới

2 Cách sử dụng cuốn sách này

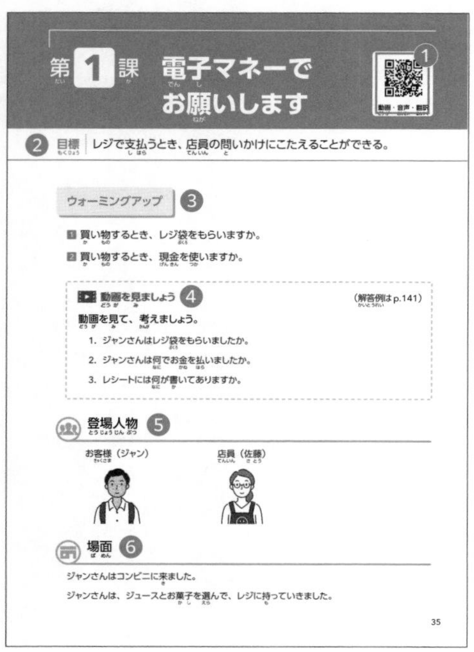
第1課 電子マネーでお願いします ①

動画・音声・翻訳

② 目標 レジで支払うとき、店員の問いかけにこたえることができる。

ウォーミングアップ ③

1 買い物するとき、レジ袋をもらいますか。

2 買い物するとき、現金を使いますか。

動画を見ましょう ④ (解答例は p.141)

動画を見て、考えましょう。

1. ジャンさんはレジ袋をもらいましたか。
2. ジャンさんは何でお金を払いましたか。
3. レシートには何が書いてありますか。

登場人物 ⑤

お客様（ジャン）　店員（佐藤）

場面 ⑥

ジャンさんはコンビニに来ました。

ジャンさんは、ジュースとお菓子を選んで、レジに持っていきました。

35

❶Từ mã QR, hãy xem phần video, âm thanh, bản dịch (danh sách từ vựng) của từng bài..

❷Mục tiêu

Xác nhận mục tiêu của bài học đó.

❸Khởi động

Có 1 hoặc 2 câu hỏi. Hãy suy nghĩ về những cửa hàng tiện lợi ở nước bạn, khu phố bạn hoặc cửa hàng tiện lợi mà bạn biết. Ở phần khởi động không có câu trả lời mẫu, hãy ghi chép lại hoặc nói chuyện với những người xung quanh.

❹Hãy cùng xem Video

Các bạn hãy xem Video. Sau khi xem, hãy suy nghĩ về 3 câu hỏi nhé. Các bạn hãy xem nhiều lần cho đến khi nào hiểu được nội dung.

❺Các nhân vật xuất hiện trong sách

Hãy xác nhận các nhân vật xuất hiện trong bài này. Đặc biệt hãy chú ý đến vị trí của Jan.

❻Ngữ cảnh

Hãy xác nhận ngữ cảnh video nhé.

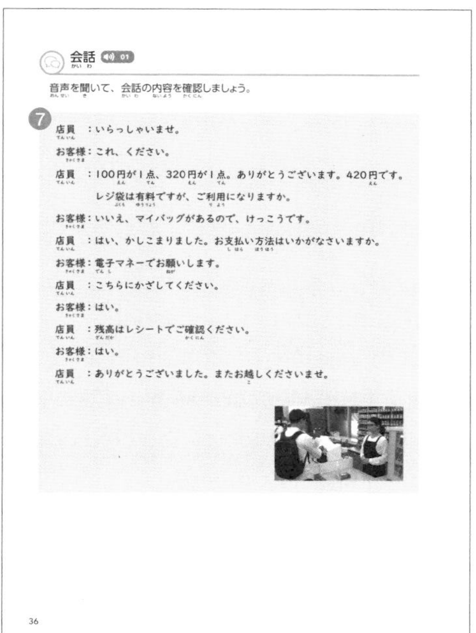

会話 01

音声を聞いて、会話の内容を確認しましょう。

7

店員　：いらっしゃいませ。

お客様：これ、ください。

店員　：100円が1点、320円が1点。ありがとうございます。420円です。

レジ袋は有料ですが、ご利用になりますか。

お客様：いいえ、マイバッグがあるので、けっこうです。

店員　：はい、かしこまりました。お支払い方法はいかがなさいますか。

お客様：電子マネーでお願いします。

店員　：こちらにかざしてください。

お客様：はい。

店員　：残高はレシートでご確認ください。

お客様：はい。

店員　：ありがとうございました。またお越しくださいませ。

36

❼Hội thoại

Đây là lời thoại của video. Hãy vừa xem lời thoại vừa nghe âm thanh nhé. Hãy xem bản dịch để xác nhận ý nghĩa của từ vựng và cách diễn đạt mình không biết (Bản dịch hãy tham khảo tr.30)

Hãy luyện tập thành tiếng. Những cách luyện tập như sau sẽ có hiệu quả.

① Trước hết hãy nghe kỹ phần âm thanh.
② Hãy dừng âm thanh theo từng câu rồi lập lại.
③ Hãy lập lại y hết chậm hơn máy một tí. (Shadowing)

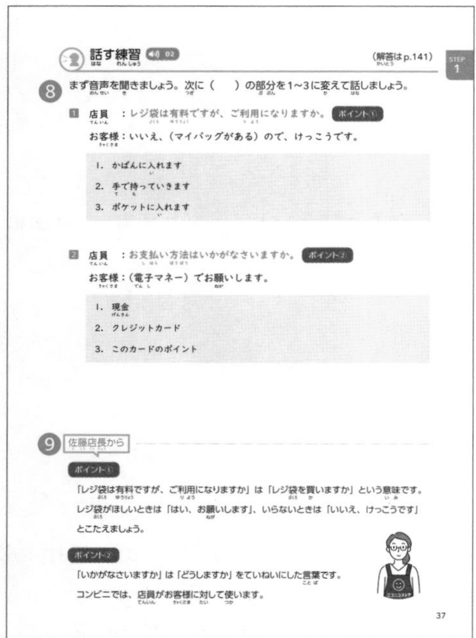
話す練習 02 (解答はp.141) STEP 1

8 まず音声を聞きましょう。次に（　）の部分を1~3に変えて話しましょう。

1 店員　：レジ袋は有料ですが、ご利用になりますか。 ポイント①
お客様：いいえ、（マイバッグがある）ので、けっこうです。

1. かばんに入れます
2. 手で持っていきます
3. ポケットに入れます

2 店員　：お支払い方法はいかがなさいますか。 ポイント②
お客様：（電子マネー）でお願いします。

1. 現金
2. クレジットカード
3. このカードのポイント

9 佐藤店長から

ポイント①
「レジ袋は有料ですが、ご利用になりますか」は「レジ袋を買いますか」という意味です。レジ袋がほしいときは「はい、お願いします」、いらないときは「いいえ、けっこうです」とこたえましょう。

ポイント②
「いかがなさいますか」は「どうしますか」をていねいにした言葉です。コンビニでは、店員がお客様に対して使います。

37

⑧Luyện tập nói

Trước hết hãy nghe âm thanh. Sau đó trong phần (　　) hãy thay thế 1~3 ở 　　　 để luyện tập nói. Hãy luyện nhiều lần cho đến khi nói trôi chảy.

⑨Từ cửa hàng trưởng Sato

Những mẫu hội thoại trong cửa hàng tiện lợi hoặc những điểm quan trọng trong công việc sẽ được giải thích.
Hãy đọc kĩ và lý giải nội dung nhé..

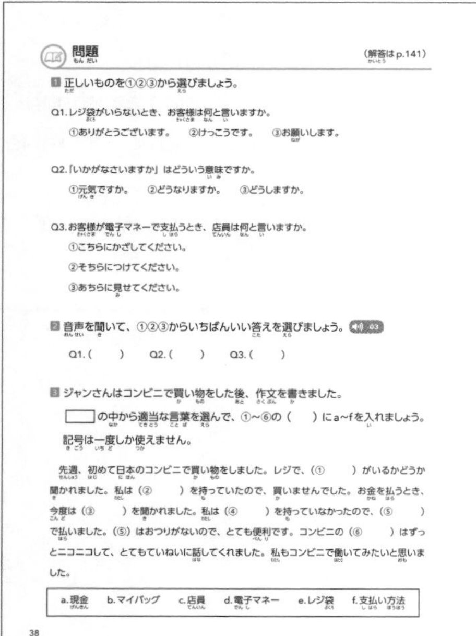
問題 (解答はp.141)

1 正しいものを①②③から選びましょう。

Q1. レジ袋がいらないとき、お客様は何と言いますか。
①ありがとうございます。　②けっこうです。　③お願いします。

Q2.「いかがなさいますか」はどういう意味ですか。
①元気ですか。　②どうなりますか。　③どうしますか。

Q3. お客様が電子マネーで支払うとき、店員は何と言いますか。
①こちらにかざしてください。
②そちらにつけてください。
③あちらに見せてください。

2 音声を聞いて、①②③からいちばんいい答えを選びましょう。 03

Q1.（　　）　Q2.（　　）　Q3.（　　）

3 ジャンさんはコンビニで買い物をした後、作文を書きました。
□の中から適当な言葉を選んで、①~⑥の（　）にa~fを入れましょう。記号は一度しか使えません。

先週、初めて日本のコンビニで買い物をしました。レジで、（①　　）がいるかどうか聞かれました。私は（②　　）を持っていたので、買いませんでした。お金を払うとき、今度は（③　　）を聞かれました。私は（④　　）を持っていなかったので、（⑤　　）で払いました。（⑤）はおつりがないので、とても便利です。コンビニの（⑥　　）はずっとニコニコして、とてもていねいに話してくれました。私もコンビニで働いてみたいと思いました。

a.現金　b.マイバッグ　c.店員　d.電子マネー　e.レジ袋　f.支払い方法

38

1 Ở (1) tập trung vào những cách thể hiện đã học ở hội thoại mẫu, hay những điểm quan trọng trong công việc tại cửa hàng tiện lợi. Hãy xác nhận xem mình có thể hiểu được nội dung bài này hay không.

2 (2) là câu hỏi nghe và trả lời. Hãy xác nhận xem mình có thể hiểu nếu chỉ nghe âm thanh hay không.

3 Ở (3)chủ yếu là những câu hỏi xác nhận xem bạn đã hiểu những cách diễn đạt và từ vựng đã học trong bài đó hay chưa. Tùy vào từng bài sẽ có những câu hỏi về từ mới hoặc có những câu hỏi về công việc tại cửa hàng tiện lợi.

Hãy làm thử

Sau mỗi Step sẽ có mục “Hãy cùng làm thử”. Hãy áp dụng những gì bạn đã học được cho đến nay, và hãy thử thách xem nhé. Bạn có thể hỏi ý kiến, hoặc thảo luận với bạn cùng lớp hoặc những người xung quanh.

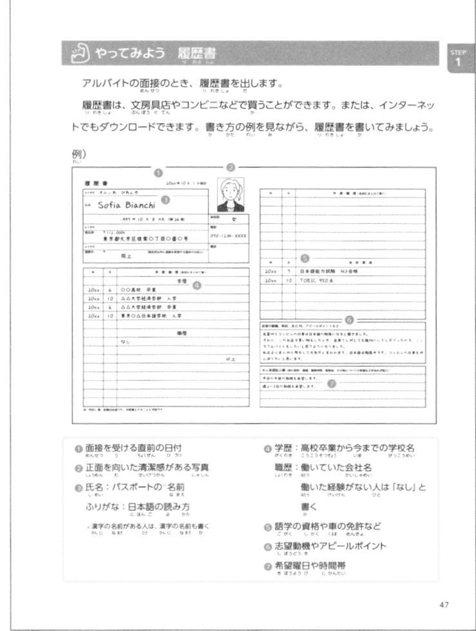

STEP 1

やってみよう　履歴書

アルバイトの面接のとき、履歴書を出します。

履歴書は、文房具店やコンビニなどで買うことができます。または、インターネットでもダウンロードできます。書き方の例を見ながら、履歴書を書いてみましょう。

例）

Sofia Bianchi

① 面接を受ける直前の日付
② 正面を向いた清潔感がある写真
③ 氏名：パスポートの名前
ふりがな：日本語の読み方
※漢字の名前がある人は、漢字の名前も書く
④ 学歴：高校卒業から今までの学校名
職歴：働いていた会社名
働いた経験がない人は「なし」と書く
⑤ 語学の資格や車の免許など
⑥ 志望動機やアピールポイント
⑦ 希望曜日や時間帯

47

Column

Sau mỗi Step sẽ có mục “Column”. Trong phần này có viết những thông tin hữu ích cho công việc ở cửa hàng tiện lợi. Nếu đọc phần này, các bạn sẽ biết rõ hơn về công việc của cửa hàng tiện lợi.

Phần cuối sách có những nội dung sau

- Đáp án mẫu cho phần “Hãy cùng xem Video”
- Đáp án của phần “Luyện tập nói”
- Đáp án câu hỏi 1 ~ 3
- Lời thoại cho câu hỏi 2

So sánh các câu trả lời, kiểm tra lại mức độ lý giải của mình.

यस पुस्तकको संरचना र प्रयोग गर्ने तरकिा

1 यस पुस्तकको संरचना

यो पुस्तक जापानमा बस्ने एक वदिेशी विद्यार्थी ज्यानको कथामा आधारति छ, जसले एक सुवधिा स्टोरमा काम गर्न सुरु गर्छ र पार्ट-टाइम कामदारबाट कर्मचारी अनि स्टोर प्रबन्धक बन्न सम्मको प्रगति कथा समेटएिको छ। सुवधिा पसलहरूमा ग्राहकहरूसँग हुने कुराकानी, स्टोर प्रबन्धकसँग कुराकानीहरू एक एक गरि समेटएिको छन्।

	पाठ	ज्यानजीकोस्थान	जोसँग कुरा हुन्छ
चरण 1 सुवधिा स्टोरमा जाऔं	पाठ १ देखि ३ सम्म	ग्राहक	कर्मचारी/ स्टोर प्रबन्धक
चरण २ सुवधिा स्टोरमा काम गरौं ~ग्राहकमुखी काम~	पाठ ४ देखि ११ सम्म	कर्मचारी (पार्ट टाइम)	ग्राहक
चरण ३ सुवधिा स्टोरमा काम गरौं ~ स्टोर प्रबन्धकलाई रपिोर्ट/सम्पर्क/संचार~	पाठ १२ देखि १९ सम्म	कर्मचारी (पार्ट टाइम)	स्टोर प्रबन्धक
चरण ४ सुवधिा पसलहरू प्रगति गरौ	पाठ 20 देखि 23 सम्म	कर्मचारी (पार्ट-टाइम कामदारहरुको लडिर)	स्टोर प्रबन्धक / नयाँ अंशकालिक काम

2 यो पुस्तक कसरी प्रयोग गर्नै

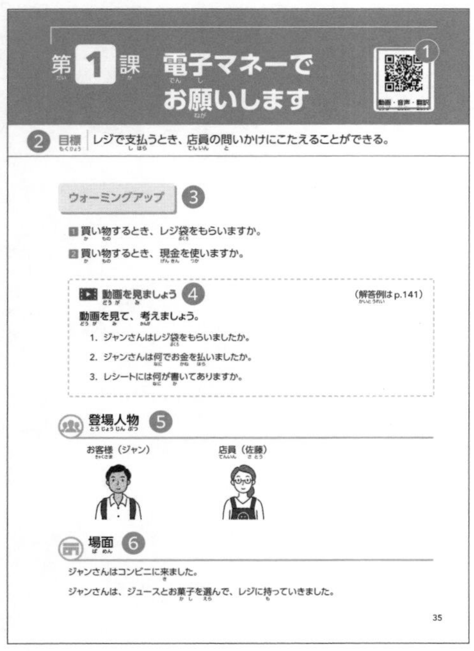

第1課 電子マネーでお願いします
1
動画・音声・翻訳
2 目標 レジで支払うとき、店員の問いかけにこたえることができる。
ウォーミングアップ 3
1 買い物するとき、レジ袋をもらいますか。
2 買い物するとき、現金を使いますか。
動画を見ましょう 4
(解答例は p.141)
動画を見て、考えましょう。
1. ジャンさんはレジ袋をもらいましたか。
2. ジャンさんは何でお金を払いましたか。
3. レシートには何が書いてありますか。
登場人物 5
お客様（ジャン）
店員（佐藤）
場面 6
ジャンさんはコンビニに来ました。
ジャンさんは、ジュースとお菓子を選んで、レジに持っていきました。
35

①यो QR कोडबाट,तपाईंले प्रत्येक पाठको लागि भिडियो, अडियो, र अनुवाद (शब्दावली सूची) हेर्न सक्नुहुन्छ।

②उद्देश्य

यो पाठको उद्देश्यहरु जाँच गरौ।

③वार्म अप

एक वा दुई प्रश्नहरु छन्। तपाइको देश वा शहर, वा तपाईलाई थाहा भएको सुवधिा स्टोरको बारेमा। यसको बारेमा सोचौं। वार्म-अपको लागि कुनै उदाहरणको जवाफहरू छैनन् तर, नोट लदिै, वरपरका मानसिहरूसँग कुरा गरि हेरौ।

④भडियो हेरौं

भडियो हेर्नु होला। भडियो हेरसिकेपछि तीन वटा प्रश्नको बारेमा सोच्नुहोस्।
तपाईंले सामग्री नबुझेसम्म यसलाई धेरै पटक हेर्नुहोस्।

⑤पात्रहरू

कृपया यस पाठमा देखा पर्ने मानसिहरूलाई जाँच गर्नुहोस्। वशिेष गरी, ज्यानको स्थानमा ध्यान दनिुहोस्।

⑥दृश्य

भडियोको दृश्य चेक गरौं ।

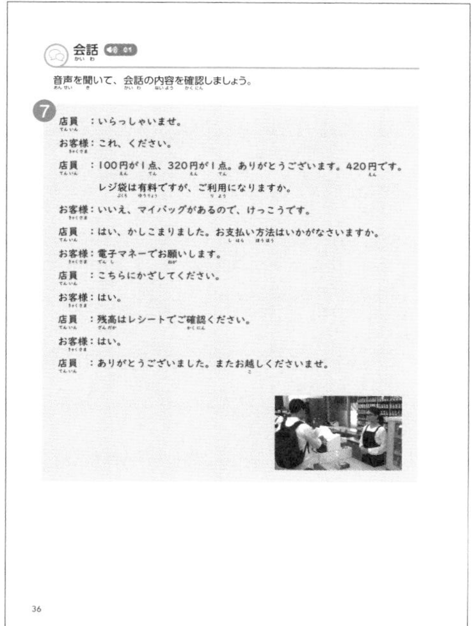

会話 01

音声を聞いて、会話の内容を確認しましょう。

⑦
店員　：いらっしゃいませ。
お客様：これ、ください。
店員　：100円が1点、320円が1点。ありがとうございます。420円です。
　　　　レジ袋は有料ですが、ご利用になりますか。
お客様：いいえ、マイバッグがあるので、けっこうです。
店員　：はい、かしこまりました。お支払い方法はいかがなさいますか。
お客様：電子マネーでお願いします。
店員　：こちらにかざしてください。
お客様：はい。
店員　：残高はレシートでご確認ください。
お客様：はい。
店員　：ありがとうございました。またお越しくださいませ。

36

⑦भडियो लपिि

स्क्रप्टि हेर्नुहोस् र अडयिो सुन्नुहोस्।
नेपाली अनुवादका साथ तपाईंलाई थाहा नभएका शब्द र अभव्यिक्तिको अर्थ खोज्नुहोस्। अनुवाद जानकारीको लागि कृपया पृष्ठ 30 हेर्नुहोस्।

ठूलो स्वरमा अभ्यास गरौं। नम्नि अभ्यासहरू प्रभावकारी छन्।

① पहलिे, अडयिो ध्यानपूर्वक सुन्नुहोस्
② प्रत्येक वाक्य पछि अडयिो रोक्नुहोस् र दोहोर्याउनुहोस्
③ आवाज भन्दा अलि पछि उही कुरा भन्ने प्रयास गर्नुहोस्। (छायाँ)

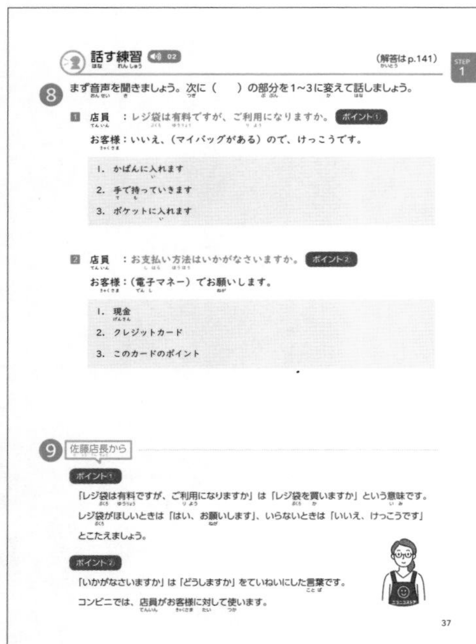

話す練習 02

(解答はp.141)

STEP 1

8 まず音声を聞きましょう。次に（　　）の部分を1~3に変えて話しましょう。

1 店員　：レジ袋は有料ですが、ご利用になりますか。 ポイント①

お客様：いいえ、（マイバッグがある）ので、けっこうです。

1. かばんに入れます
2. 手で持っていきます
3. ポケットに入れます

2 店員　：お支払い方法はいかがなさいますか。 ポイント②

お客様：（電子マネー）でお願いします。

1. 現金
2. クレジットカード
3. このカードのポイント

9 佐藤店長から

ポイント①

「レジ袋は有料ですが、ご利用になりますか」は「レジ袋を買いますか」という意味です。レジ袋がほしいときは「はい、お願いします」、いらないときは「いいえ、けっこうです」とこたえましょう。

ポイント②

「いかがなさいますか」は「どうしますか」をていねいにした言葉です。コンビニでは、店員がお客様に対して使います。

37

8 बोल्ने अभ्यास

पहलि, अडियो सुन्नुहोस्। त्यस पछि, (   ) को भागहरूलाई १ देखि ३ मा परविर्तन गरेर भन्ने अभ्यास गरौं। जब सम्म तपाईं यसलाई प्रष्ट भन्न सक्नुहुन्न, बारम्बार अभ्यास गर्नुहोस्।

9 स्टोर प्रबन्धक सातोउबाट काममा हुने कुराकानी र कामहरुको व्याख्या गरिएको छ।
कृपया ध्यान दिएर पढ्नुहोस् र बुझ्नुहोस्।

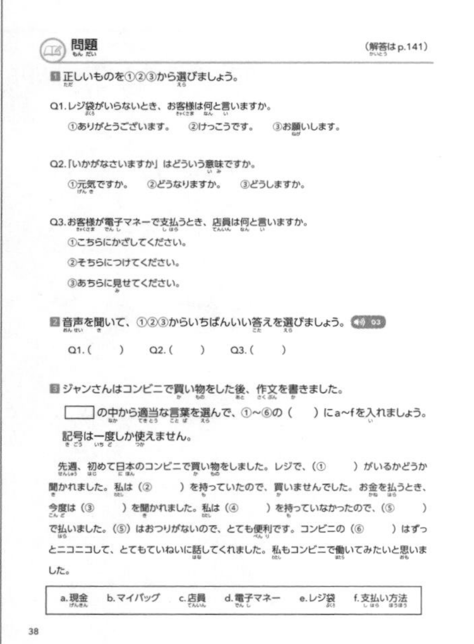

問題

(解答はp.141)

1 正しいものを①②③から選びましょう。

Q1. レジ袋がいらないとき、お客様は何と言いますか。

①ありがとうございます。　②けっこうです。　③お願いします。

Q2.「いかがなさいますか」はどういう意味ですか。

①元気ですか。　②どうなりますか。　③どうしますか。

Q3. お客様が電子マネーで支払うとき、店員は何と言いますか。

①こちらにかざしてください。

②そちらにつけてください。

③あちらに見せてください。

2 音声を聞いて、①②③からいちばんいい答えを選びましょう。 03

Q1.（　　）　Q2.（　　）　Q3.（　　）

3 ジャンさんはコンビニで買い物をした後、作文を書きました。

□の中から適当な言葉を選んで、①~⑥の（　　）にa~fを入れましょう。記号は一度しか使えません。

先週、初めて日本のコンビニで買い物をしました。レジで、（①　　）がいるかどうか聞かれました。私は（②　　）を持っていたので、買いませんでした。お金を払うとき、今度は（③　　）を聞かれました。私は（④　　）を持っていなかったので、（⑤　　）で払いました。（⑤）はおつりがないので、とても便利です。コンビニの（⑥　　）はずっとニコニコして、とてもていねいに話してくれました。私もコンビニで働いてみたいと思いました。

a. 現金	b. マイバッグ	c. 店員	d. 電子マネー	e. レジ袋	f. 支払い方法

38

1 कुराकानी मार्फत सिकेका अभिव्यक्तिहरू र सुविधा स्टोरमा काम गर्ने महत्त्वपूर्ण बुँदाहरूमा केन्द्रित छ।
तपाईंले यस पाठका सामग्रीहरू बुझ्नुभएको छ या छैन जाँचौं।

2 मा चाँहि अडियो सुनेर जवाफ दिनु पर्ने प्रश्न हो। स्वर मात्र बुझ्न सकिन्छ कि हेरौं ।

3 मा विभिन्न प्रश्नहरु छन् ।मुख्य रूपमा यो पाठमा सिकेका शब्दहरू र अभिव्यक्तिहरू बुझे नबुझेको जाँच गर्नुहोस्। यद्यपि, पाठको अनुसार नयाँ शब्दहरूको र सुविधा स्टोरहरूको कामको र जागिरहरूको बारेमा पनि प्रश्नहरू हुनेछन्।

गरेर हेरौं

प्रत्येक चरणको अन्त्यमा, "प्रयास गरौं" भन्ने अभ्यास छ। तपाईंले अहिलेसम्म सिकेका कुराहरू प्रयोग गरेर हल गर्नुस्। तपाईं आफ्ना सहपाठीहरू र वरपरका मानिसहरूलाई उनीहरूको राय सोध्ने र छलफल गर्ने गर्न सक्नुहुन्छ।

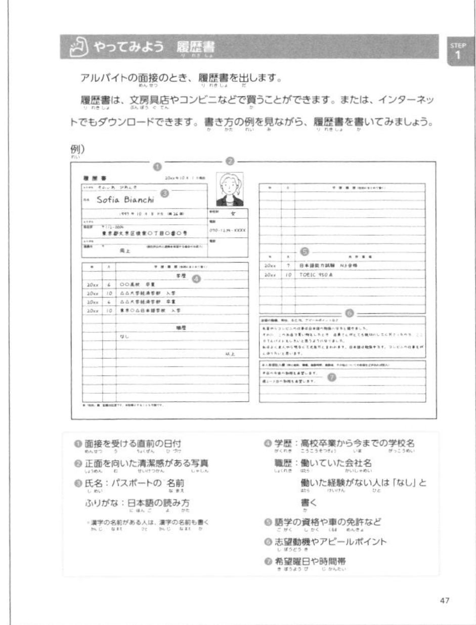

STEP 1

やってみよう　履歴書

アルバイトの面接のとき、履歴書を出します。

履歴書は、文房具店やコンビニなどで買うことができます。または、インターネットでもダウンロードできます。書き方の例を見ながら、履歴書を書いてみましょう。

例）

❶ 面接を受ける直前の日付
❷ 正面を向いた清潔感がある写真
❸ 氏名：パスポートの 名前
ふりがな：日本語の読み方
※漢字の名前がある人は、漢字の名前も書く
❹ 学歴：高校卒業から今までの学校名
職歴：働いていた会社名
働いた経験がない人は「なし」と書く
❺ 語学の資格や車の免許など
❻ 志望動機やアピールポイント
❼ 希望曜日や時間帯

47

कोलम

प्रत्येक चरणको अन्त्यमा "कोलम" छ। सुविधा स्टोरको कामको लागि उपयोगी जानकारीहरु समावेश गरिएको छ। यो पढेमा, सुविधा स्टोरहरू बारे थप जान्न सक्षम हुनुहुनेछ।

पुस्तकको अन्त्यमा तलका कुराहरु छन्।

- ”भिडियो हेरौं” को जवाफ
- ”बोल्ने अभ्यास” को जवाफ
- प्रश्न 1 देखि 3 सम्मको उत्तरहरू
- प्रश्न 2 को स्क्रिप्ट

उत्तर जाँच गरेर आफ्नो बुझाइ चेक गर्नुहोस्।

စာအုပ်၏ဖွဲ့စည်းပုံနှင့်အသုံးပြုပုံ

1 စာအုပ်၏ဖွဲ့စည်းပုံ

ဤစာအုပ်သည်ဂျပန်နိုင်ငံသို့ပညာသင်ရောက်ရှိနေသော "ဂျန်း"သည်စတိုးဆိုင်တွင်အလုပ်လုပ်နေပြီးအချိန်ပိုင်းအလုပ်သမားမှဝန်ထမ်းမှသည်အချိန်ပိုင်းအလုပ်သမားခေါင်းဆောင်၊ မန်နေဂျာနေရာအဆင့်ရောက်သည်အထိတိုးတက်မှုပနေိုင်သောဇာတ်လမ်းဖြင့်ရေးဆွဲထားသောစာအုပ်ဖြစ်သည်။အလုပ်ချိန်အတွင်းစျေးဝယ်သူ၊ မန်နေဂျာတို့နှင့်ပြောလေ့ပြောထရှိသော စကားများကိုစုစည်းထားသည်။

	အခန်း	ဂျန်းရဲ့ဇာတ်ရုပ်	တဖက်လူ
STEP 1 စတိုးဆိုင်ကိုသွားကြရအောင်။	အခန်း ၁ မှ အခန်း ၃	စျေးဝယ်သူ	ဆိုင်ဝန်ထမ်း/မန်နေဂျာ
STEP 2 စတိုးဆိုင်မှာအလုပ်လုပ်ရအောင် ~စျေးဝယ်သူနှင့်ပြောဆိုဆက်ဆံခြင်း~	အခန်း ၄ မှ အခန်း ၁၁	ဆိုင်ဝန်ထမ်း(အချိန်ပိုင်းအလုပ်သမား)	စျေးဝယ်သူ
STEP 3 စတိုးဆိုင်ကိုသွားရအောင် ~မန်နေဂျာဆီကိုသတင်းပို့-ဆက်သွယ်-တိုင်ပင်ခြင်း~	အခန်း ၁၂ မှ အခန်း ၁၉	ဆိုင်ဝန်ထမ်း(အချိန်ပိုင်းအလုပ်သမား)	မန်နေဂျာ
STEP 4 စတိုးဆိုင်မှာကိုယ်ရည်ကိုယ်သွေးမြှင့်တင်ရအောင်	အခန်း ၂၀ မှ အခန်း ၂၃	ဆိုင်ဝန်ထမ်း(အချိန်ပိုင်းအလုပ်သမားခေါင်းဆောင်)	မန်နေဂျာ/ အချိန်ပိုင်းအလုပ်သစ်

2 စာအုပ်အသုံးပြုပုံ

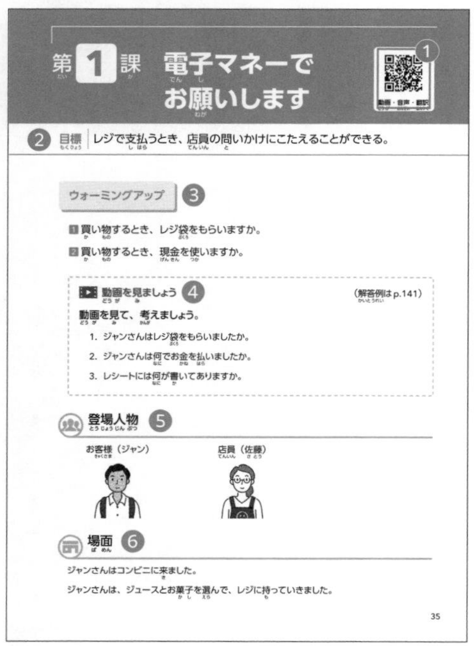
第1課 電子マネーで お願いします ①

② 目標 レジで支払うとき、店員の問いかけにこたえることができる。

ウォーミングアップ ③

1 買い物するとき、レジ袋をもらいますか。

2 買い物するとき、現金を使いますか。

動画を見ましょう ④ （解答例はp.141）

動画を見て、考えましょう。

1. ジャンさんはレジ袋をもらいましたか。
2. ジャンさんは何でお金を払いましたか。
3. レシートには何が書いてありますか。

登場人物 ⑤

お客様（ジャン） 店員（佐藤）

場面 ⑥

ジャンさんはコンビニに来ました。

ジャンさんは、ジュースとお菓子を選んで、レジに持っていきました。

35

❶ QRကုဒ်မှအခန်းတိုင်း၏「ဗီဒီယို」「အသံဖိုင်」「ဘာသာပြန်(ဝေါဟာရ)」များကိုကြည့်ကြရအောင်။

❷ မာတိကာ

သက်ဆိုင်ရာအခန်း၏မာတိကာကို ကြည့်နိုင်ပါသည်။

❸ ပြန်နွှေးခြင်း

မေးခွန်း၁ခု(သို့)၂ခုရှိပါမယ်။သင့်နိုင်ငံ၊သင့်မြို့ပြီးနှောက်သင်သိသောစတိုးဆိုင်နှင့်ပတ်သက်၍စဉ်းစားကြည့်ရအောင်။ ပြန်နွှေးခြင်းအပိုင်းမှာအဖြေမပါရှိပါ။ စာရွက်တွင်မှတ်သားခြင်း၊ အနီးအနားမှလူများအားမေးမြန်းခြင်းလုပ်ကြရအောင်။

❹ ဗီဒီယိုကိုကြည့်ကြည့်ရအောင်

ဗီဒီယိုကိုကြည့်ကြရအောင်။ဗီဒီယိုကြည့်ပြီးနောက်မေးခွန်း၃ခုကိုစဉ်းစားကြည့်ကြရအောင်။ ဗီဒီယိုပါ အချက်အလက်တွေကိုနားလည်သည်အထိအကြိမ်ကြိမ်ကြည့်ကြရအောင်။

❺ ပါဝင်သည့်သူများ

သက်ဆိုင်ရာအခန်းတွင်ပါဝင်သည့်သူများကိုသချောကြည့်ကြည့်ပါ။အထူးသဖြင့်ဂျုန်းရဲ့နေရာကို သတိထားပြီး ကြည့်ကြည့်ရအောင်။

❻ စကားပြော ပကြွက်

စကားပြောအခန်းတွေကိုကြည့်ကြည့်ရအောင်။

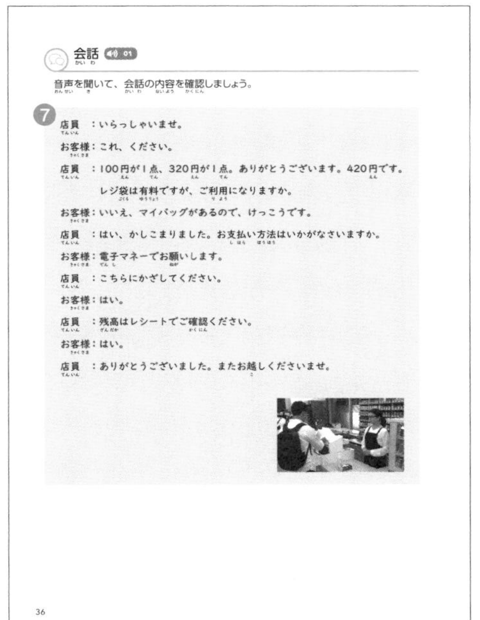

会話 01

音声を聞いて、会話の内容を確認しましょう。

❼

店員　：いらっしゃいませ。
お客様：これ、ください。
店員　：100円が1点、320円が1点。ありがとうございます。420円です。
　　　　レジ袋は有料ですが、ご利用になりますか。
お客様：いいえ、マイバッグがあるので、けっこうです。
店員　：はい、かしこまりました。お支払い方法はいかがなさいますか。
お客様：電子マネーでお願いします。
店員　：こちらにかざしてください。
お客様：はい。
店員　：残高はレシートでご確認ください。
お客様：はい。
店員　：ありがとうございました。またお越しくださいませ。

36

❼ စကားဝိုင်း

စကားပြောဗီဒီယိုမှာပါဝင်သောစာသားများဖြစ်ပါတယ်။ စာသားများကိုကြည့်ရင်းအသံအားနားထောင်ပါ။ အဓိပ္ပါယ်မသိသောစကားလုံးနှင့်စကားပြော များ၏အဓိပ္ပါယ်များကိုကြည့်ပြီးစစ်ဆေးနိုင်ပါသည်။ ဘာသာပြန်များနှင့်ပတ်သတ်ပြီးစာမျက်နှာ ၃၀ တွင် ကြည့်ပါ။

> အသံထွက်ပြီးလေ့ကျင့်ကြရအောင်။ အောက်ပါအတိုင်း လေ့ကျင့်ပါကထိရောက်မှုရှိပါသည်။
>
> ① အရင်ဆုံးအသံဖိုင်ကိုသသေချာချာနားထောင်ခြင်း
>
> ② စာကြောင်းၥကြောင်းဆီမှအသံကိုဖွင့်လိုက်ရပ်လိုက် လုပ်ပြီးထပ်ခါတလဲလဲနားထောင်ပါ။
>
> ③ အသံဖိုင်ဆီမှအသံနောက်မှလိုက်ပြီးတစ်ပုံစံထဲလိုက် ပြောကြည့်ပါ။)

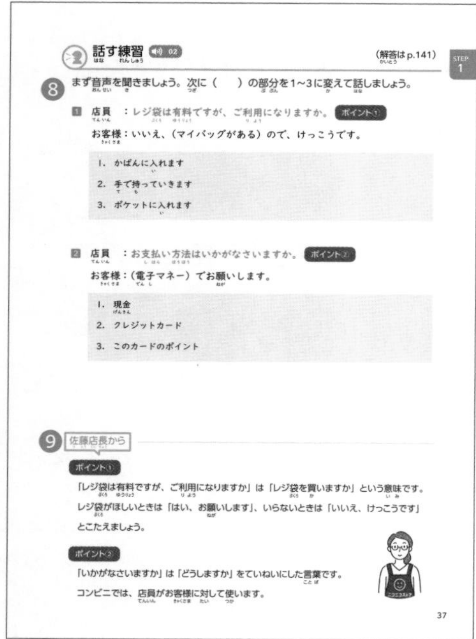

話す練習 (解答はp.141) STEP 1

8 まず音声を聞きましょう。次に（　　）の部分を1～3に変えて話しましょう。

1 店員　：レジ袋は有料ですが、ご利用になりますか。 ポイント①

お客様：いいえ、（マイバッグがある）ので、けっこうです。

1. かばんに入れます
2. 手で持っていきます
3. ポケットに入れます

2 店員　：お支払い方法はいかがなさいますか。 ポイント②

お客様：（電子マネー）でお願いします。

1. 現金
2. クレジットカード
3. このカードのポイント

9 佐藤店長から

ポイント①

「レジ袋は有料ですが、ご利用になりますか」は「レジ袋を買いますか」という意味です。レジ袋がほしいときは「はい、お願いします」、いらないときは「いいえ、けっこうです」とこたえましょう。

ポイント②

「いかがなさいますか」は「どうしますか」をていねいにした言葉です。コンビニでは、店員がお客様に対して使います。

37

⑧စကားပြောလေ့ကျင့်ခြင်း

အရင်ဆုံးအသံဖိုင်ကိုနားထောင်ပါမယ်။အဲ့ဒီနောက် (　　)အတွင်းအား ထဲရှိ ၁ မှ ၃အားတစ်လှည့်ဆီပြောကြည့်ရအောင်။ လျှောလျှောရှူရှူပြောနိုင်သည်အထိအကြိမ်ကြိမ် လေ့ကျင့်ရအောင်။

⑨နန်နဂျော Sato မှစတိုးဆိုင်သုံးစကားပြောများနှင့် အလုပ်၏အရေးကြီးသောအချက်များကိုရှင်းပြထားပါတယ်။သေချာဖတ်ပြီးနားလည်အောင်လုပ်ရအောင်။

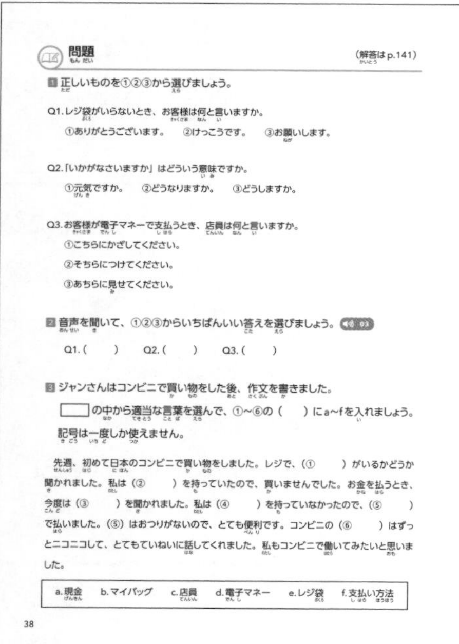

問題 (解答はp.141)

1 正しいものを①②③から選びましょう。

Q1. レジ袋がいらないとき、お客様は何と言いますか。

①ありがとうございます。　②けっこうです。　③お願いします。

Q2.「いかがなさいますか」はどういう意味ですか。

①元気ですか。　②どうなりますか。　③どうしますか。

Q3. お客様が電子マネーで支払うとき、店員は何と言いますか。

①こちらにかざしてください。

②そちらにつけてください。

③あちらに見せてください。

2 音声を聞いて、①②③からいちばんいい答えを選びましょう。

Q1.（　　）　Q2.（　　）　Q3.（　　）

3 ジャンさんはコンビニで買い物をした後、作文を書きました。

□の中から適当な言葉を選んで、①～⑥の（　　）にa～fを入れましょう。記号は一度しか使えません。

先週、初めて日本のコンビニで買い物をしました。レジで、（①　　）がいるかどうか聞かれました。私は（②　　）を持っていたので、買いませんでした。お金を払うとき、今度は（③　　）を聞かれました。私は（④　　）を持っていなかったので、（⑤　　）で払いました。（⑤）はおつりがないので、とても便利です。コンビニの（⑥　　）はずっとニコニコして、とてもていねいに話してくれました。私もコンビニで働いてみたいと思いました。

a. 現金　b. マイバッグ　c. 店員　d. 電子マネー　e. レジ袋　f. 支払い方法

38

1 ၁ တွင်စကားပြောတွင်လေ့ကျင့်ခဲ့သောစကားပြောအဓိပ္ပါယ်များနှင့်အလုပ်၏အရေးကြီးမှတ်ရန်အချက်အလက်များကိုကိုက်ညီဖြေဆိုရန်ပြုလုပ်ထားသည်။ဤအခန်း၏အချက်အလက်များကိုနားလည်မလည်ပြန်လည်စစ်ဆေးကြရအောင်။

2 ၂တွင်အသံဖိုင်ကိုနားထောင်ပြီးဖြေရမယ့်မေးခွန်းဖြစ်ပါတယ်။ အသံကိုနားထောင်ယုံနားထောင်ပြီးနားလည်သလားဆိုပြီးစစ်ဆေးကြည့်ရအောင်။

3 ၃မှာတစ္စအထူးသဖြင့်သက်ဆိုင်ရာအခန်းတွင်လေ့လာခဲ့တဲ့ ဝေါဟာရများစကားပြောအဓိပ္ပါယ်များရဲ့အဓိပ္ပါယ်နားလည်နိုင်မှုကိုစစ်ဆေးသောမေးခွန်းဖြစ်ပြီးသက်ဆိုင်ရာအခန်းတွင်ပါဝင်သောဝေါဟာရအသစ်များ၏မေးခွန်းများ စတိုးဆိုင်
လုပ်ငန်းခွင်၏အချက်အလက်များနှင့်ပတ်သက်သောမေးခွန်းများအားဖြေဆိုခြင်းကဲ့သို့ပါရှိပါသည်။

လက်တွေ့လုပ်ကြည့်ရအောင်

STEPအသီးသီး၏နောက်ဆုံးအခန်းများတွင်(လက်တွေ့လုပ်ကြည့်ရအောင်)အပိုင်းပါရှိပါတယ်။ အဲ့ဒီအချိန်အထိ လေ့လာခဲ့သောအရာများကိုအသုံးပြုပြီးသဘောပေါက်လေ့ကျင့်ပါ။ အခန်းဖော်နှင့်အနားမှသူများ၏အကံပြုချက်ကိုနားထောင်ပြီးစကားပြောလေ့ကျင့်ခြင်းများပြုလုပ်ပါ။

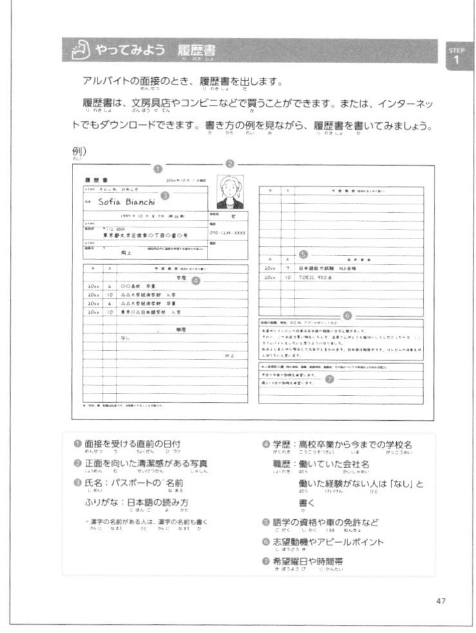
やってみよう　履歴書

STEP 1

アルバイトの面接のとき、履歴書を出します。

履歴書は、文房具店やコンビニなどで買うことができます。または、インターネットでもダウンロードできます。書き方の例を見ながら、履歴書を書いてみましょう。

例）

Sofia Bianchi

❶ 面接を受ける直前の日付

❷ 正面を向いた清潔感がある写真

❸ 氏名：パスポートの名前

ふりがな：日本語の読み方

＊漢字の名前がある人は、漢字の名前も書く

❹ 学歴：高校卒業から今までの学校名

職歴：働いていた会社名

働いた経験がない人は「なし」と書く

❺ 語学の資格や車の免許など

❻ 志望動機やアピールポイント

❼ 希望曜日や時間帯

47

ကတ်လုံ

STEPအသီးသီး၏နောက်ဆုံးအခန်းများတွင်「ကတ်လုံ」များပါရှိပါတယ်။စတိုးဆိုင်အလုပ်တွင် အသုံးဝင်သောအချက်အလက်များရေးထားပါတယ်။ဤအချက်အလက်များကိုဖတ်ပါကစတိုးဆိုင်အလုပ်အား အတွင်းကျကျ သိနိုင်ပြီးအခြားသူများထက် နာတစ်ဖျားသာနိုင်သည်။

အခန်းအဆုံးတွင်အောက်ပါအရာများပါဝင်သည်။

- 「ဗီဒီယိုကိုကြည့်ကြရအောင်」၏အဖြေလွှာများ
- [စကားပြောလေ့ကျင့်ခြင်း]၏အဖြေ
- မေးခွန်း၁မှ၃၏အဖြေများ
- မေးခွန်း၂၏စကားပြောစာများ

သက်ဆိုင်ရာမေးခွန်းနှင့်အဖြေများကိုကိုက်ညီစစ်ဆေးလေ့ကျင့်ပြီးစတိုးဆိုင်အလုပ်ကိုပိုနားလည်အောင် ကြိုးစားကြရအောင်။

補助教材の利用方法
ほ じょきょうざい　　　り ようほうほう

各課1ページ目のQRコードから、以下の3つのコンテンツをご覧いただけます。

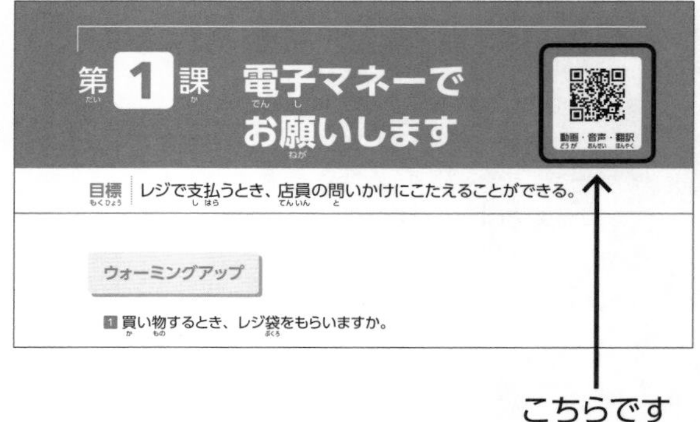

こちらです

動画

「会話」の動画です。
1ページ目の「動画を見ましょう」で見ます。

音声

「会話」「話す練習」「問
かいわ　はな　れんしゅう　もん
題2」の音声です。

※音声は、Spotify または Podcast でも聞けます。

翻訳

「目標」「会話」「コラム」
もくひょう　かいわ
と、中級レベル以上の語
ちゅうきゅう　　いじょう　ご
彙の翻訳です（英語・
い　ほんやく　　えいご
中国語・ベトナム語・ネパール語・ミャンマー語）。

本書の補助教材サイトからは、以下のコンテンツもご覧いただけます。
ほんしょ　ほ じょきょうざい　　　　　　　　いか　　　　　　　　　　らん

ワークシート

「やってみよう」に取り組むとき、ワークシートに書き込んで学習を進
か　こ　　がくしゅう　すす
めてください。

教師用資料
きょう し よう し りょう

各課の授業の進め方を
かくか　じゅぎょう　すす　かた
記載しています。指導の
きさい　　　　　　しどう
参考になさってください。
さんこう

補助教材サイト
ほ じょきょうざい

https://www.ask-books.com/jp/konbini/

音声・翻訳・ワークシート・教師用資料は、
おんせい　ほんやく　　　　　　　　　きょうしようしりょう
このサイトから全課分をまとめてダウンロードすることができます。
ぜんかぶん
zip ファイルを解凍する際に、以下のパスワードを入れてください。
かいとう　さい　いか　　い

97061

コンビニで働く・日本で働く

語彙の翻訳はp.30の補助教材サイトを見てください。

コンビニで働くと、日本の生活やビジネスに必要なスキルや知識が身につきます。ここでは、コンビニで働くメリットや経営のしくみを紹介します。

1　コンビニで働くメリット

①日本語が上達する

お客様や同僚と話すことで、日本語の会話が上手になります。お客様に対しては敬語で話すため、特に敬語のフレーズを身につけることができます。店長の指示を聞いたり同僚と話したりすることで、日本語を聞く力も向上します。

②気配りが身につく

どうすればお客様が気持ちよく買い物できるか — これを考えることを「気配り」といいます。お客様のために店内をきれいに掃除したり、困っているお客様に声をかけたりするのも、気配りです。コンビニの店員は、いつもお客様のことを考えて行動するので、気配りが自然に身につきます。

③商品を売るスキルが学べる

商品を並べることや、発注することも、コンビニ店員の仕事です。実際に仕事をすると、よく売れる人気商品や日本の食文化、季節ごとの行事などがわかるようになります。また、商品の並べ方や、売れる商品の予測のしかたも学べます。

2　コンビニ経営のしくみ

コンビニは日本全国にたくさんあります。それぞれのコンビニをまとめているのが、コンビニの本部です。コンビニを経営するオーナーは、コンビニ本部と契約をします。

オーナーは経営に専念し、本部は経営のサポートをします。オーナーは本部にロイヤリティを支払います。これを「フランチャイズ契約」といいます。コンビニのオーナーの中には、店をいくつか経営している人もいます。

店には店長や副店長などの責任者がいて、オーナーと一緒に店の経営を行っています。

そして、アルバイト店員がいます。アルバイト店員の中には、アルバイトリーダーと呼ばれる人もいます。アルバイトリーダーは、他のアルバイトに指示をしたり、仕事を教えたりします。

〈イメージ〉

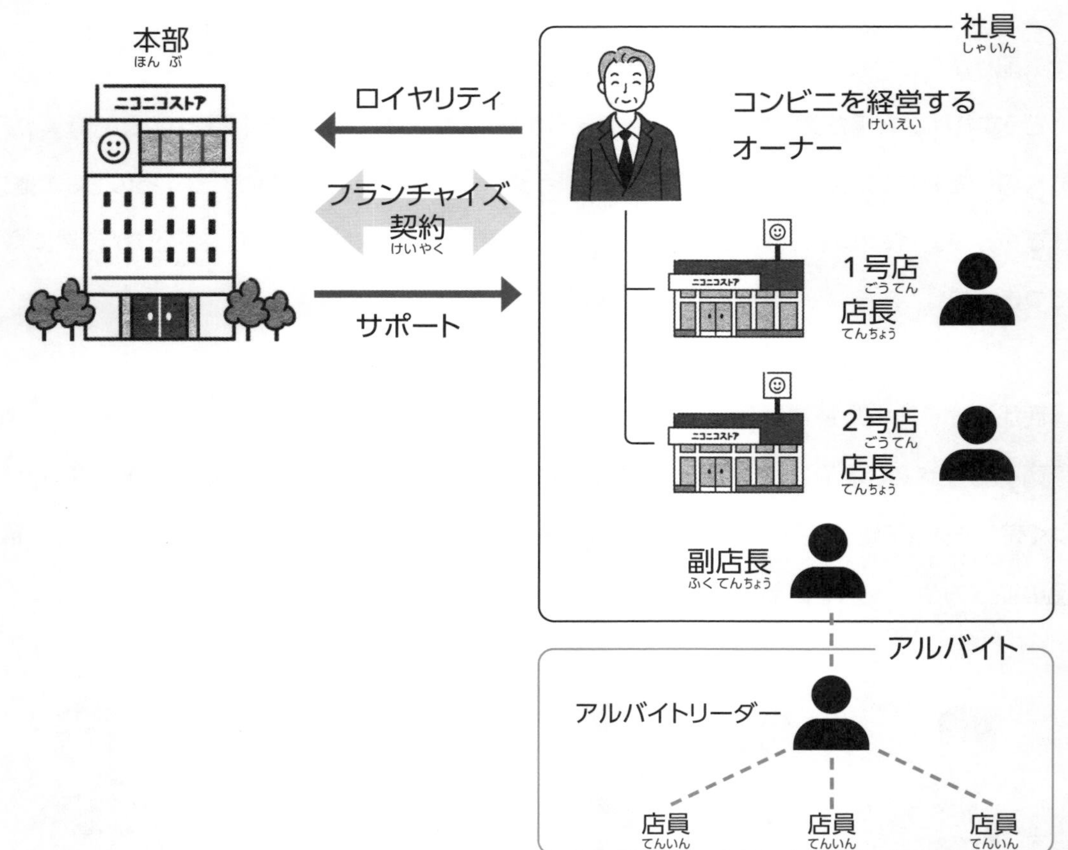

3　日本での働き方

外国人が日本で働くときは、働くことができる「在留資格」が必要です。働ける時間や仕事の内容は、在留資格によって変わります。在留資格は在留カードに書いてあります。

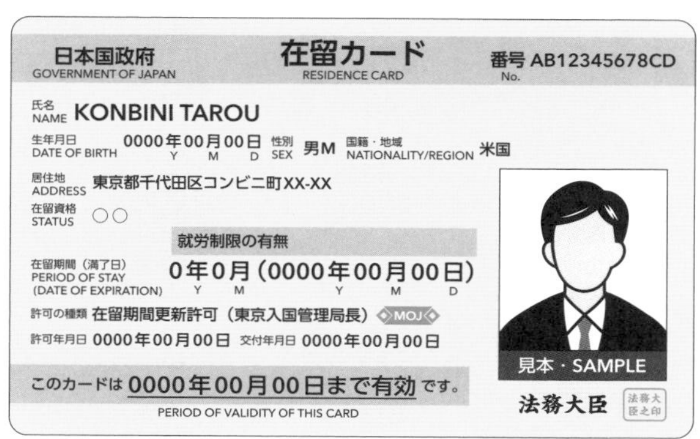

コンビニでアルバイトをしている外国人の多くが「留学」の在留資格を持っています。これは日本語学校や専門学校、大学に通う留学生が持っている在留資格です。この在留資格は本来、日本で勉強するためのものですが、留学生は「資格外活動許可」があれば、1週間に28時間までアルバイトできます（学校が決めた長期休み期間中は、1日8時間以内で週40時間までアルバイトできます）。「資格外活動許可」の申請方法は、出入国在留管理庁のホームページを見てください。

コンビニの仕事では、敬語や気配り、商品の販売などさまざまなことを学ぶことができます。コンビニで働く経験は、日本での生活やビジネスに、きっと役に立つことでしょう。

STEP 1

コンビニへ行こう

ジャンさんは、日本で勉強している留学生です。

家の近くのコンビニで、よく買い物をします。

コンビニでアルバイトをしたいと思っています。

第1課 | 電子マネーでお願いします

第2課 | 袋をお分けしましょうか

第3課 | 志望動機を教えてください

第1課　電子マネーでお願いします

目標　レジで支払うとき、店員の問いかけにこたえることができる。

ウォーミングアップ

1. 買い物するとき、レジ袋をもらいますか。
2. 買い物するとき、現金を使いますか。

動画を見ましょう

（解答例はp.141）

動画を見て、考えましょう。

1. ジャンさんはレジ袋をもらいましたか。
2. ジャンさんは何でお金を払いましたか。
3. レシートには何が書いてありますか。

登場人物

お客様（ジャン）

場面

ジャンさんはコンビニに来ました。

ジャンさんは、ジュースとお菓子を選んで、レジに持っていきました。

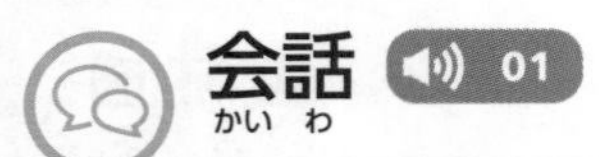

会話 🔊 01
かいわ

音声を聞いて、会話の内容を確認しましょう。
おんせい き かいわ ないよう かくにん

店員　：いらっしゃいませ。
てんいん

お客様：これ、ください。
きゃくさま

店員　：100円が1点、320円が1点。ありがとうございます。420円です。
てんいん　　　　えん　　てん　　　えん　　てん　　　　　　　　　　　　　　　えん

　　　　レジ袋は有料ですが、ご利用になりますか。
　　　　ぶくろ　ゆうりょう　　　　　りよう

お客様：いいえ、マイバッグがあるので、けっこうです。
きゃくさま

店員　：はい、かしこまりました。お支払い方法はいかがなさいますか。

てんいん　　　　　　　　　　　　　　しはら　ほうほう

お客様：電子マネーでお願いします。
きゃくさま　でんし　　　　ねが

店員　：こちらにかざしてください。
てんいん

お客様：はい。
きゃくさま

店員　：残高はレシートでご確認ください。
てんいん　ざんだか　　　　　　　かくにん

お客様：はい。
きゃくさま

店員　：ありがとうございました。またお越しくださいませ。
てんいん　　　　　　　　　　　　　　　　こ

話す練習 02

（解答は p.141）

まず音声を聞きましょう。次に（　　）の部分を1～3に変えて話しましょう。

1 店員　：レジ袋は有料ですが、ご利用になりますか。 ポイント①
てんいん　　　ぶくろ　ゆうりょう　　　　り よう

お客様：いいえ、（マイバッグがある）ので、けっこうです。

1. かばんに入れます
2. 手で持っていきます
3. ポケットに入れます

2 店員　：お支払い方法はいかがなさいますか。 ポイント②
てんいん　　　し はら　ほうほう

お客様：（電子マネー）でお願いします。
きゃくさま　　　でん し　　　　ねが

1. 現金
げんきん

2. クレジットカード
3. このカードのポイント

佐藤店長から

ポイント①

「レジ袋は有料ですが、ご利用になりますか」は「レジ袋を買いますか」という意味です。レジ袋がほしいときは「はい、お願いします」、いらないときは「いいえ、けっこうです」とこたえましょう。
ぶくろ　ゆうりょう　　　　　り よう　　　　　　　　ぶくろ　か　　　　　　　　い み

ポイント②

「いかがなさいますか」は「どうしますか」をていねいにした言葉です。コンビニでは、店員がお客様に対して使います。
てんいん　きゃくさま　たい　つか

問題

（解答はp.141）

1 正しいものを①②③から選びましょう。

Q1. レジ袋がいらないとき、お客様は何と言いますか。
ぶくろ きゃくさま なん い

①ありがとうございます。　②けっこうです。　③お願いします。

Q2.「いかがなさいますか」はどういう意味ですか。

①元気ですか。　②どうなりますか。　③どうしますか。

Q3. お客様が電子マネーで支払うとき、店員は何と言いますか。
きゃくさま でん し し はら てんいん なん い

①こちらにかざしてください。

②そちらにつけてください。

③あちらに見せてください。

2 音声を聞いて、①②③からいちばんいい答えを選びましょう。 03
おんせい き こた えら

Q1.（　　）　Q2.（　　）　Q3.（　　）

3 ジャンさんはコンビニで買い物をした後、作文を書きました。
か もの あと さくぶん か

□の中から適当な言葉を選んで、①～⑥の（　）にa～fを入れましょう。記号は一度しか使えません。
なか てきとう こと ば えら い
き ごう いち ど つか

先週、初めて日本のコンビニで買い物をしました。レジで、（①　　）がいるかどうか聞かれました。私は（②　　）を持っていたので、買いませんでした。お金を払うとき、今度は（③　　）を聞かれました。私は（④　　）を持っていなかったので、（⑤　　）で払いました。（⑤）はおつりがないので、とても便利です。コンビニの（⑥　　）はずっとニコニコして、とてもていねいに話してくれました。私もコンビニで働いてみたいと思いました。
せんしゅう はじ にほん か もの
き わたし も か かね はら
こん ど き わたし も
はな わたし はたら おも

| a. 現金 | b. マイバッグ | c. 店員 | d. 電子マネー | e. レジ袋 | f. 支払い方法 |
| げんきん | | てんいん | でん し | ぶくろ | し はら ほうほう |

|---|---|---|---|---|---|

第2課 袋をお分けしましょうか

目標 レジで、店員とやりとりすることができる。

ウォーミングアップ

1 コンビニで、どんなものを買いますか。

2 あなたの国のコンビニには、電子レンジがありますか。

動画を見ましょう

（解答例はp.141）

動画を見て、考えましょう。

1. だれがお弁当を温めますか。
2. 袋は１枚いくらですか。
3. ジャンさんは袋を何枚買いましたか。

登場人物

お客様（ジャン）

店員（佐藤）

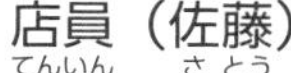

場面

ジャンさんはコンビニに来ました。

ジャンさんは、お弁当とアイスクリームを選んで、レジに持っていきました。

会話　04

音声を聞いて、会話の内容を確認しましょう。

店員　：いらっしゃいませ。 こちらは温めましょうか。

お客様：はい、お願いします。

店員　：温かいものと冷たいものは、袋をお分けしましょうか。

お客様：あ、そうですね。

店員　：そうすると、袋が２枚になりますが…。

お客様：すみません。 袋は１枚いくらですか。

店員　：どちらも１枚３円です。

お客様：そうですか。 わかりました。じゃあ、分けてください。

店員　：お待たせしました。 気をつけてお持ちください。

話す練習 05

（解答はp.141）

STEP 1

まず音声を聞きましょう。次に（　　）の部分を1～3に変えて話しましょう。
おんせい　き　　　　　　　　つぎ　　　　　　　　　　ぶぶん　　　　　　　か　　はな

1

店員　：（温め）ましょうか。 ポイント①

お客様：はい、お願いします。

1. お弁当を温めます
2. 袋をお分けします
3. 袋にお入れします

2

店員　：（温かいもの）と（冷たいもの）は、袋をお分けしましょうか。
てんいん　　あたた　　　　　　　つめ　　　　　　　　ふくろ　わ

お客様：あ、そうですね。 ポイント②

1. お弁当／アイスクリーム
2. うどん／牛乳
3. パスタ／ヨーグルト

佐藤店長から

ポイント①

店員から「温めましょうか」と言われたら、何と言いますか。温めてほしいときは「はい、
てんいん　　あたた　　　　　　　　い　　　　　　　なん　い　　　　　　　あたた

お願いします」、温めなくていいときは「いいえ、けっこうです」とこたえましょう。

ポイント②

温めたお弁当と冷たいアイスクリームを同じ袋に入れると、アイスク
あたた　　べんとう　つめ　　　　　　　　　　　おな　ふくろ　い

リームが溶けてしまいますね。ですから、店員は「袋を分けましょうか」と てんいん　ふくろ　わ

お客様に聞きました。
きゃくさま　き

41

問題

（解答はp.141～142）

1 正しいものを①②③から選びましょう。

Q1. お弁当を買ったお客様に、店員は何と言いますか。
べんとう　か　　きゃくさま　てんいん　なん　い

①お弁当を温めてください。

②お弁当を温めてくれませんか。

③お弁当を温めましょうか。

Q2. 温かいものと冷たいものを買ったお客様に、店員は何と言いますか。
あたた　　　　つめ　　　　か　　きゃくさま　てんいん　なん　い

①袋をお分けしましょうか。

②袋をお分けください。

③袋を分けてくれませんか。

Q3. お客様に温めたお弁当を渡すとき、店員は何と言いますか。
きゃくさま　あたた　　べんとう　わた　　　てんいん　なん　い

①気をつけてお越しください。

②気をつけてお持ちください。

③気をつけてお待ちください。

2 音声を聞いて、①②③からいちばんいい答えを選びましょう。 06
おんせい　き　　　　　　　　　　　　こた　えら

Q1.（　　　）　Q2.（　　　）　Q3.（　　　）

3 下の ［　　］ の中の商品から、温めるかどうか聞いたほうがいいものをすべて
した　　　　　　　なか　しょうひん　　あたた　　　　　き

選んで、記号に○を書きましょう。
えら　　　きごう　　　か

a. お弁当
べんとう

b. サンドイッチ

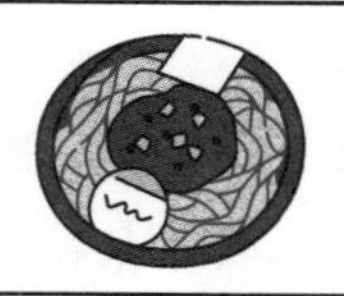

c. パスタ

d. サラダ

e. うどん

志望動機を教えてください

目標 面接で、志望動機やシフトの希望などを話すことができる。

ウォーミングアップ

1 アルバイトの面接を受けたことがありますか。

2 面接のとき、どんなことを聞かれると思いますか。

動画を見ましょう

（解答例はp.142）

動画を見て、考えましょう。

1. ジャンさんは今までアルバイトをしたことがありますか。
2. ジャンさんの希望曜日と希望時間帯はいつですか。
3. ジャンさんがこのコンビニで働きたい理由は何ですか。

登場人物

アルバイト希望者（ジャン）

場面

ジャンさんは、コンビニにアルバイトの面接に来ました。

店長は、ジャンさんにいろいろな質問をします。

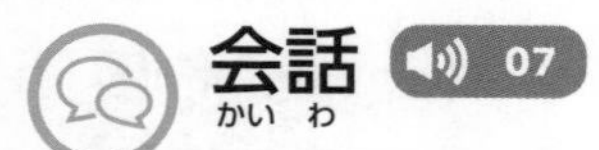

会話 07

音声を聞いて、会話の内容を確認しましょう。

ジャン：初めまして。私はジャンと申します。
どうぞよろしくお願いします。

店長　：ジャンさんですね。では、志望動機を教えてください。

ジャン：はい、志望動機は２つあります。
１つ目は、コンビニの仕事は日本語の練習になると聞いたからです。
２つ目は、以前この店で買い物をしたとき、店員さんにとても親切にしてもらいました。それで、ここで働きたいと思うようになりました。

店長　：そうでしたか。アルバイトの経験がありますか。

ジャン：はい、工場の仕事を１年間したことがあります。

店長　：そうですか。勤務希望曜日や時間帯はありますか。

ジャン：はい、曜日は何曜日でもかまいませんが、平日の夕方に、週４日を希望します。

店長　：わかりました。面接の結果は、後日お電話で連絡しますので、それまでお待ちください。本日はありがとうございました。

ジャン：ありがとうございました。どうぞよろしくお願いします。

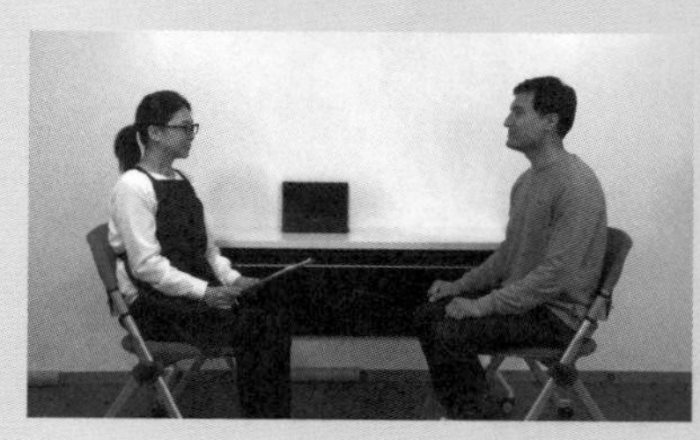

話す練習 08

（解答はp.142）

まず音声を聞きましょう。次に（　　）の部分を1～3に変えて話しましょう。

1

店長　：志望動機を教えてください。

ジャン：志望動機は２つあります。

１つ目は、（日本語の練習になると聞いた）からです。

２つ目は、（店員さんに親切にしてもらった）からです。　ポイント①

1. 人と話すことが好きです／先輩も働いています
2. 家からも学校からも近いです／働く時間帯が選べます
3. 日本の接客方法を学びたいです／この店の商品が好きです

2

店長　：勤務希望曜日はありますか。

ジャン：（何曜日でもかまいません）。　ポイント②

1. 火曜日と木曜日を希望します
2. 平日の午後ならいつでもいいです
3. できれば週末でお願いします

佐藤店長から

ポイント①

志望動機が２つ以上あるときは、まず志望動機の数を言いましょう。

その後、働きたい理由を話します。

ポイント②

「何曜日でもかまいません」は「勤務日はどの曜日でもいいです」

という意味です。

面接では勤務希望曜日や時間帯を聞かれるので、考えておきましょう。

問題

（解答は p.142〜143）

1 正しいものを①②③から選びましょう。

Q1. 面接を受ける人は、面接の初めに何と言いますか。
めんせつ　う　ひと　めんせつ　はじ　なん　い

①初めまして。私はジャンと申します。

②初めまして。私はジャンと思います。

③初めまして。私はジャンさんです。

Q2.「志望動機」を聞かれたら、何を話しますか。
しぼうどうき　き　　　　なに　はな

①今までのアルバイトの経験
いま　　　　　　　　　けいけん

②働きたい時間帯
はたら　　　じかんたい

③その店で働きたい理由
みせ　はたら　　りゆう

Q3. 面接を受けた人は、面接の終わりに何と言いますか。
めんせつ　う　ひと　めんせつ　お　　なん　い

①お疲れさまでした。

②お待たせしました。

③ありがとうございました。

2 音声を聞いて、①②③からいちばんいい答えを選びましょう。 09
おんせい　き　　　　　　　　　　こた　えら

Q1.（　　　）　Q2.（　　　）　Q3.（　　　）

3 面接でよく聞かれる質問です。同じ意味のものを選んで、線を引きましょう。
めんせつ　き　　しつもん　　おな　いみ　　えら　　せん　ひ

①志望動機は? ●		● a. 何曜日に働きたいですか。
②来日理由は? ●		● b. どうしてこの店で働きたいんですか。
③勤務希望曜日は? ●		● c. どうして日本に来たんですか。
④勤務希望時間帯は? ●		● d. 何時から何時まで働きたいですか。

しぼうどうき　　　　　　　　　なんようび　はたら

らいにちりゆう　　　　　　　　みせ　はたら

きんむきぼうようび　　　　　　にほん　き

きんむきぼうじかんたい　　　　なんじ　なんじ　はたら

やってみよう　履歴書(りれきしょ)

アルバイトの面接(めんせつ)のとき、履歴書(りれきしょ)を出(だ)します。

履歴書(りれきしょ)は、文房具店(ぶんぼうぐてん)やコンビニなどで買(か)うことができます。または、インターネットでもダウンロードできます。書(か)き方(かた)の例(れい)を見(み)ながら、履歴書(りれきしょ)を書(か)いてみましょう。

例(れい)）

❶ ❷

履歴書　　20xx年10月 1 日現在

ふりがな	そふぃあ　びあんき ❸
氏名	Sofia Bianchi
1997年 10月 8 日生（満 26 歳）	※性別　女
ふりがな	電話
現住所	〒112-0004 東京都文京区後楽〇丁目〇番〇号	070-1234-XXXX
ふりがな	電話
連絡先	〒　（現住所以外に連絡を希望する場合のみ記入） 同上	

年	月	学　歴・職　歴（各別にまとめて書く）
		学歴 ❹
20xx	6	〇〇高校　卒業
20xx	10	△△大学経済学部　入学
20xx	6	△△大学経済学部　卒業
20xx	10	東京〇△日本語学校　入学
		職歴
		なし
		以上

※「性別」欄：記載は任意です。未記載とすることも可能です。

年	月	学　歴・職　歴（各別にまとめて書く）

年	月	免　許・資　格 ❺
20xx	7	日本語能力試験　N3合格
20xx	10	TOEIC 950点

❻

志望の動機、特技、自己PR、アピールポイントなど
先輩からコンビニの仕事は日本語の勉強になると聞きました。 それに、このお店で買い物をしたとき、店員さんがとても親切にしてくださったので、ここでアルバイトをしたいと思うようになりました。 私はよく友人から明るくて元気だと言われます。日本語は勉強中です。コンビニの仕事をがんばりたいと思います。

本人希望記入欄（特に給料、職種、勤務時間、勤務地、その他についての希望などがあれば記入）
平日の午後の勤務を希望します。 ❼
週2～3日の勤務を希望します。

❶ 面接(めんせつ)を受(う)ける直前(ちょくぜん)の日付(ひづけ)

❷ 正面(しょうめん)を向(む)いた清潔感(せいけつかん)がある写真(しゃしん)

❸ 氏名(しめい)：パスポートの*名前(なまえ)

ふりがな：日本語(にほんご)の読(よ)み方(かた)

*漢字(かんじ)の名前(なまえ)がある人(ひと)は、漢字(かんじ)の名前(なまえ)も書(か)く

❹ 学歴(がくれき)：高校卒業(こうこうそつぎょう)から今(いま)までの学校名(がっこうめい)

職歴(しょくれき)：働(はたら)いていた会社名(かいしゃめい)

働(はたら)いた経験(けいけん)がない人(ひと)は「なし」と書(か)く

❺ 語学(ごがく)の資格(しかく)や車(くるま)の免許(めんきょ)など

❻ 志望動機(しぼうどうき)やアピールポイント

❼ 希望曜日(きぼうようび)や時間帯(じかんたい)

やってみよう　面接(めんせつ)

アルバイト面接(めんせつ)の練習(れんしゅう)をしましょう。自分(じぶん)のことを話(はな)してください。

あなた：初(はじ)めまして。私(わたし)は＿＿＿＿＿＿＿＿＿＿＿＿＿＿＿＿＿＿＿＿＿＿＿＿。

どうぞ＿＿＿＿＿＿＿＿＿＿＿＿＿＿＿＿＿＿＿。

店長(てんちょう)　：よろしくお願(ねが)いします。では、志望動機(しぼうどうき)を教(おし)えてください。

あなた：はい。志望動機(しぼうどうき)は２つ(ふた)あります。

１つ目(ひとつめ)は、＿＿＿＿＿＿＿＿＿＿＿＿＿＿＿＿＿＿＿＿＿＿＿＿＿＿。

２つ目(ふたつめ)は、＿＿＿＿＿＿＿＿＿＿＿＿＿＿＿＿＿＿＿＿＿＿＿＿＿＿。

店長(てんちょう)　：そうでしたか。アルバイトの経験(けいけん)がありますか。

あなた：＿＿＿＿＿＿＿＿＿＿＿＿＿＿＿＿＿＿＿＿＿＿＿＿＿＿＿＿＿＿。

店長(てんちょう)　：そうですか。勤務希望曜日(きんむきぼうようび)や時間帯(じかんたい)はありますか。

あなた：＿＿＿＿＿＿＿＿＿＿＿＿＿＿＿＿＿＿＿＿＿＿＿＿＿＿＿＿＿＿。

店長(てんちょう)　：わかりました。面接(めんせつ)の結果(けっか)は、後日(ごじつ)お電話(でんわ)で連絡(れんらく)しますので、それまでお待(ま)ちください。本日(ほんじつ)はありがとうございました。

あなた：＿＿＿＿＿＿＿＿＿＿＿＿＿＿＿＿＿＿＿＿＿＿＿＿＿＿＿＿＿＿。

COLUMN

袋に詰めるものは?

コンビニの店員からお客様へのサービスというと、どんなことを思い浮かべますか。もちろん、お客様のリクエストにしっかりと、スピーディーにこたえることも重要です。丁寧なあいさつや笑顔も、サービスといえますね。

でも、それだけではありません。日本のコンビニでは、「気配り」というサービスも欠かせないのです。「気配り」とは、相手のために細かいところまでいろいろ気をつけることです。言葉にしないことも多いので、わかりにくいかもしれません。例えば、お客様の商品を袋に入れるとき、「パンやおにぎりなど柔らかいものは、つぶれないように最後に入れる」「温かい商品と冷たい商品を同じ袋に入れない」「食べ物とそれ以外の商品を同じ袋に入れない」など、ルールがあります。そして、お客様がその袋を持ったとき、「中の商品が傾かないように入れること」も大切なポイントです。もし、どうしたらいいか困ったときは、お客様に「○○と□□は一緒に入れてもよろしいですか」と聞きましょう。

聞くことも、「気配り」の１つです。このように、日本のコンビニの袋には、店員の「気配り」がいっぱい詰まっているのです。

STEP 2

コンビニで働こう
～お客様対応～

ジャンさんは、コンビニでアルバイトとして働くことになりました。

お客様とレジで話したり、お客様をご案内したりしながら、

いろいろな仕事を経験します。

第4課｜今日から働くことになりました

第5課｜お箸はおつけしましょうか

第6課｜現金でお願いできますか

第7課｜わかる者を呼んでまいります

第8課｜ご試食いかがですか

第9課｜牛肉コロッケおすすめです

第10課｜在庫を確認してまいります

第11課｜宅配便ですね

第4課 今日から働くことになりました

目標 初出勤であいさつができ、店長からの注意事項が理解できる。

ウォーミングアップ

初めてアルバイトをする日には、どんなことをすると思いますか。

動画を見ましょう

（解答例はp.143）

動画を見て、考えましょう。

1. ジャンさんはいつから働きますか。
2. 仕事を始める前に、何をしますか。
3. パソコンで何の登録をしますか。

登場人物

店員（ジャン）

店長（佐藤）

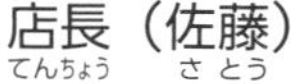

場面

ジャンさんは、今日からコンビニで働くことになりました。

店長が店のルールを説明します。

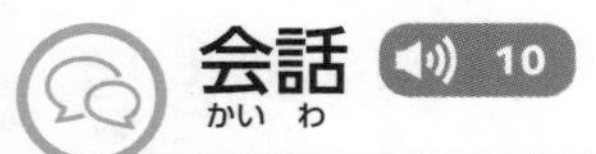

会話 10

音声を聞いて、会話の内容を確認しましょう。

店員：店長、みなさん、おはようございます。
今日から働くことになったジャンです。よろしくお願いします。

店長・その他店員：よろしくお願いします。

店長：今日からよろしくお願いしますね。

店員：はい、よろしくお願いします。

店長：今日は最初なので、お店の案内をします。
ここで、ユニフォームに着替えてから、仕事を始めます。

店員：はい。

店長：私物はロッカーにしまってください。
大きい荷物はじゃまになるので、持ってこないようにしてください。

店員：はい、わかりました。休憩時間は外出をしてもいいですか。

店長：いいですよ。でも、休憩の間に店で買い物をする場合は、
ユニフォームは脱いでください。

店員：はい。

店長：それから、あのパソコンで、出退勤の登録
をしますから、忘れないでくださいね。

店員：はい。

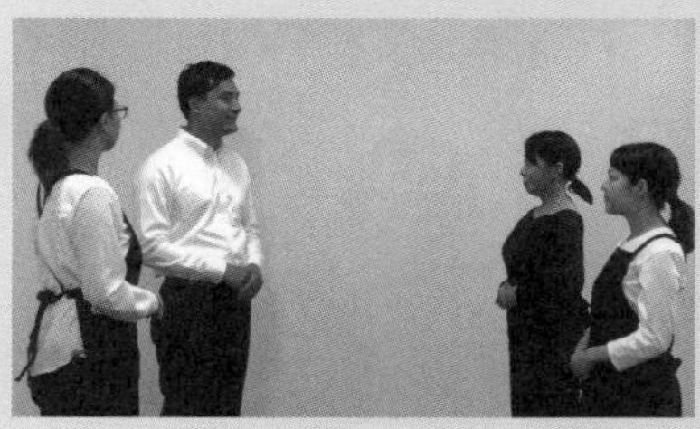

店長：ジャンさん、お疲れさま。今日はよくがんばったね。
退勤のときは、次のシフトを確認してから帰ってくださいね。

店員：はい、わかりました。それでは、お先に失礼します。

店長：お疲れさまでした。

話す練習　11

（解答はp.143）

STEP 2

まず音声を聞きましょう。次に（　　）の部分を1～3に変えて話しましょう。

1 店長：（店で買い物をする）場合は、（ユニフォームは脱いで）ください。

店員：はい。　ポイント①

1. 仕事を休みたいです／早めに連絡します
2. 体調が悪いです／仕事に来ません
3. わからないことがあります／いつでも聞きます

2 店長：（大きい荷物）は（じゃまになる）ので、（持ってこない）ようにしてください。　ポイント②

店員：はい。わかりました。

1. 遅刻／他の人が困ります／しません
2. ヒールの高い靴／歩きにくいです／はいてきません
3. 長い髪／じゃまになります／ゴムで１つにまとめます

佐藤店長から

ポイント①

休憩中にお客様から見える場所へ行くときは、ユニフォームを脱ぎましょう。

ポイント②

アルバイト先に大きい私物を持ってくるのはやめましょう。

店が狭いと、置く場所がありません。

また、髪型や爪の長さ、服装に注意しましょう。

問題

（解答はp.143）

1 正しいものを①②③から選びましょう。

Q1.お店で働くとき、何に着替えなければなりませんか。

①ユニバーサル　②ユニフォーム　③ユニバーシティ

Q2.アルバイトを始めるときと終わるとき、パソコンで何の登録をしなければなりませんか。

①出席　②出張　③出退勤

Q3.仕事が終わりました。帰る前に何をしなければなりませんか。

①次のシフトを確認します。

②私物をロッカーにしまいます。

③ユニフォームに着替えます。

2 音声を聞いて、①②③からいちばんいい答えを選びましょう。 12

Q1.（　　）　Q2.（　　）　Q3.（　　）

3 [　　] の中から適当な言葉を選んで、（　　）にa～dを入れましょう。

記号は一度しか使えません。

①私物は（　　）にしまってください。

②店で買い物をする場合は、（　　）は脱いでください。

③あの（　　）で、出退勤の登録をします。

④次の（　　）を確認してから帰ってください。

a. パソコン	b. ロッカー	c. シフト	d. ユニフォーム

第5課 お箸はおつけしましょうか

目標 レジで、お客様の要望にこたえることができる。

ウォーミングアップ

コンビニでクーポンを使ったことがありますか。それはどんなクーポンですか。

動画を見ましょう

（解答例はp.143）

動画を見て、考えましょう。

1. お客様はレジで何をもらいましたか。
2. クーポンを使う前の金額はいくらですか。
3. クーポンを使うと、金額はいくらになりますか。

登場人物

店員（ジャン）

お客様

場面

ジャンさんは、レジで仕事をしています。

お弁当を買うお客様と話します。

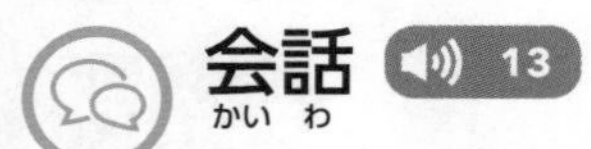

会話 13

音声を聞いて、会話の内容を確認しましょう。

店員　：いらっしゃいませ。
てんいん

お客様：これ、お願いします。
きゃくさま ねが

店員　：はい。こちらの商品は、温めましょうか。
てんいん しょうひん あたた

お客様：いいえ、けっこうです。

店員　：お箸は、おつけしましょうか。

お客様：はい。お箸を1膳と、あとスプーンも1本もらえますか。
きゃくさま はし ぜん ぽん

店員　：かしこまりました。
ありがとうございます。1,000円のお買い上げです。

お客様：クーポンがあるんですけど、これ使えますか。

店員　：はい、お使いいただけます。
30円引きで、お会計変わりまして970円です。
えん び かいけい か えん

お客様：じゃ、これで。
きゃくさま

店員　：1,000円、お預かりします。
てんいん えん あず

30円のお返しです。

話す練習 14

（解答はp.143〜144）

まず音声を聞きましょう。次に（　　）の部分を1〜3に変えて話しましょう。
おんせい　き　　　　　　　　　　　ぶぶん　　　　　　　か　　　はな

1

店員　：（お箸）は、おつけしましょうか。
てんいん　　　　はし

お客様：はい。（お箸）を（1膳）と、あと（スプーン）ももらえますか。
きゃくさま　　　　　　はし　　　ぜん

店員　：かしこまりました。　**ポイント①**

1. フォーク／フォーク／3本／スプーン
2. ストロー／ストロー／1本／フォーク
3. おてふき／おてふき／1つ／スプーン

2

店員　：ありがとうございます。1,000円のお買い上げです。
てんいん　　　　　　　　　　　　　　　えん　　か　あ

お客様：（クーポン）があるんですけど、これ使えますか。　**ポイント②**

店員　：はい、お使いいただけます。

（30円）引きで、お会計変わりまして（970円）です。
えん　び　　　　かいけい か　　　　　　　えん

1. カードのポイント／20円／980円
2. アプリのポイント／138円／862円
3. 割引券／10%／900円
わりびきけん　　　　えん

佐藤店長から
さとうてんちょう　‥‥‥‥‥‥‥‥‥‥‥‥‥‥‥‥‥‥‥‥‥‥‥‥‥‥‥‥‥

ポイント①

スプーンやフォーク、ストローなどは「〜本」と言います。

おてふきは「〜つ」か「〜個」、箸は「〜膳」と言います。

ポイント②

コンビニでは、アプリのクーポンやレシートのクーポンが使えます。

割引があったり、商品が無料でもらえたりします。
わりびき　　　　しょうひん　むりょう

問題

（解答はp.144）

1 正しいものを①②③から選びましょう。

Q1. お客様からクーポンが使えるかどうか質問されました。

クーポンが使えるとき、店員は何と言いますか。

①お入りいただけます。　②お待ちいただけます。　③お使いいただけます。

Q2. お客様からお金を受け取って、おつりが必要な場合、店員は何と言いますか。

①お借りします。　②お持ちします。　③お預かりします。

Q3. お弁当を買ったお客様に、店員は何と言いますか。

①お箸をおつけしましょうか。

②お箸をおつけください。

③お箸をつけてください。

2 音声を聞いて、①②③からいちばんいい答えを選びましょう。 15

Q1.（　　）　Q2.（　　）　Q3.（　　）

3 ［　　］の中から適当な言葉を選んで、（　　）にa～eを入れましょう。記号は一度しか使えません。

①レジ袋は1（　　）3円です。

②お箸を3（　　）もらえますか。

③おにぎり2（　　）で、360円のお買い上げです。

④あと、スプーン2（　　）ください。

⑤このノートは1（　　）いくらですか。

a. 本	b. 枚	c. 膳	d. 個	e. 冊

第6課 現金でお願いできますか

動画・音声・翻訳
どうが　おんせい　ほんやく

目標
もくひょう
　店内の商品や場所の案内、支払い方法の説明ができる。
てんない　しょうひん　ばしょ　あんない　しはら　ほうほう　せつめい

ウォーミングアップ

1 コンビニでレジの仕事以外に、どんな仕事があると思いますか。
しごといがい　　　　　しごと　　　　おも

2 コンビニに、クレジットカードで支払いができないものがあることを知っていますか。

動画を見ましょう

（解答例はp.144）
どうが　み　　　　　　　　　　　　　　　　　かいとうれい

動画を見て、考えましょう。
どうが　み　　かんが

1. 店員は最初のお客様をどこへ案内しましたか。
てんいん　さいしょ　きゃくさま　　　あんない

2. コンビニの商品はすべてクレジットカードで買えますか。
3. お客様が現金で買ったものは何ですか。
きゃくさま　げんきん　か　　　　なん

登場人物
とうじょうじんぶつ

店員（ジャン）

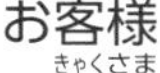

お客様
てんいん　　　　　　　　　きゃくさま

場面
ばめん

ジャンさんは、店の中でお客様からいろいろな質問をされます。
みせ　なか　きゃくさま　　　　　　　しつもん

それにこたえます。

会話(かいわ) 16

音声(おんせい)を聞(き)いて、会話(かいわ)の内容(ないよう)を確認(かくにん)しましょう。

お客様(きゃくさま)：すみません。トイレを借(か)りたいんですけど…。

店員(てんいん)　：あちらです。どうぞご利用(りよう)ください。

お客様(きゃくさま)：あの、鉛筆(えんぴつ)と消(け)しゴムはありますか。

店員(てんいん)　：鉛筆(えんぴつ)と消(け)しゴムですね。こちらです。

お客様(きゃくさま)：ありがとう。

お客様(きゃくさま)：これと、84円(えん)の切手(きって)を1枚(まい)もらえますか。

店員(てんいん)　：切手(きって)ですね。こちらでよろしいでしょうか。

お客様(きゃくさま)：はい、クレジットカードで支払(しはら)います。

店員(てんいん)　：申(もう)し訳(わけ)ございませんが、切手(きって)はクレジットカードでお支払(しはら)いができません。現金(げんきん)でお願(ねが)いできますか。

お客様(きゃくさま)：そうなんですね。じゃあ、切手(きって)はこれで。

店員(てんいん)　：ありがとうございます。

話す練習 17

（解答はp.144）

STEP 2

まず音声を聞きましょう。次に（　　）の部分を1～3に変えて話しましょう。

1 お客様：あの、（鉛筆）はありますか。

店員　：（鉛筆）ですね。こちらです。 ポイント①

1. 傘　2. スマホの充電器　3. ばんそうこう

2 お客様：クレジットカードで支払います。

店員　：申し訳ございませんが、

（切手）はクレジットカードでお支払いができません。 ポイント②

現金でお願いできますか。

1. はがき　2. 電気代　3. このゴミ袋

佐藤店長から

ポイント①

お客様に商品の場所などを聞かれたときは、手で方向を示すなどして、わかりやすく説明しましょう。

ポイント②

日本のコンビニでは、クレジットカードで支払いができない商品があります。例えば、はがき、切手、電気代、ガス代、水道代、*自治体指定のゴミ袋などです。クレジットカードが使えないものは、ほとんどの電子マネーも使えませんから、注意しましょう。

＊ 日本では指定のゴミ袋を使う自治体が増えています。
このゴミ袋は自治体によって、種類や値段が違います。

問題

（解答はp.144～145）

1 正しいものを①②③から選びましょう。

Q1. 鉛筆と消しゴムを買いたいですが、どこにあるかわかりません。店員に何と言いますか。
えんぴつ　け　　　か　　　　　　　　　　　　　　　　　　　　　　　てんいん　なん　い

①あの、鉛筆と消しゴムはこれですか。

②あの、鉛筆と消しゴムは何ですか。

③あの、鉛筆と消しゴムはありますか。

Q2. お客様がトイレを借りたいと言いました。店員は何と言いますか。
きゃくさま　　　　　か　　　い　　　　　てんいん　なん　い

①あちらです。どうぞご利用ください。

②こちらでよろしいでしょうか。

③そうなんですね。ありがとうございます。

Q3. お客様が切手をクレジットカードで支払うと言いました。店員は何と言いますか。
きゃくさま　きって　　　　　　　　　　しはら　い　　　　　てんいん　なん　い

①申し訳ございませんが、切手は現金でお願いできますか。
もう　わけ　　　　　　　きって　げんきん　ねが

②申し訳ございませんが、切手は現金でお支払いします。
もう　わけ　　　　　　　きって　げんきん　　しはら

③申し訳ございませんが、切手は現金でお受け取りしましょう。
もう　わけ　　　　　　　きって　げんきん　　う　と

2 音声を聞いて、①②③からいちばんいい答えを選びましょう。 18
おんせい　き　　　　　　　　　　　　　こた　えら

Q1. （　　　）　Q2. （　　　）　Q3. （　　　）

3 □の中の言葉を、コンビニでクレジットカードが「使えるもの」と「使えな
なか　ことば　　　　　　　　　　　　　　　　　　　　　つか　　　　　　　　つか

いもの」に分けて、下線部にa～jを書きましょう。

a. 切手	b. はがき	c. ばんそうこう	d. 消しゴム	e. ガス代
f. 鉛筆	g. 傘	h. 自治体指定のゴミ袋	i. イヤホン	j. 電気代
えんぴつ	かさ	じちたいしてい　ぶくろ		でんきだい

クレジットカードが使える ＿＿＿＿＿＿＿＿＿＿＿＿＿＿＿＿

クレジットカードが使えない ＿＿＿＿＿＿＿＿＿＿＿＿＿＿＿

第7課 わかる者を呼んでまいります

目標 お客様の要望にすぐにこたえることができない場合でも、失礼のない対応ができる。

ウォーミングアップ

仕事中にわからないことがあったら、どうしますか。

動画を見ましょう

（解答例はp.145）

動画を見て、考えましょう。

1. ジャンさんは印鑑証明の取り方を知っていましたか。
2. 123番は何の番号ですか。
3. レジでお客様が希望した商品の名前は何ですか。

登場人物

店員（ジャン）

お客様

場面

ジャンさんは、今レジで仕事をしています。

お客様に話しかけられましたが、その言葉がすぐにわかりませんでした。

会話 _{かいわ} 🔊 19

音声を聞いて、会話の内容を確認しましょう。
_{おんせい} _き _{かいわ} _{ないよう} _{かくにん}

店員　：いらっしゃいませ。
_{てんいん}

お客様：あの、すみません。
_{きゃくさま}

店員　：はい、何でしょうか。
_{てんいん} _{なん}

お客様：印鑑証明を取りたいんですが。
_{きゃくさま} _{いんかんしょうめい} _と

店員　：いん…
_{てんいん}

お客様：印鑑証明です。
_{きゃくさま} _{いんかんしょうめい}

店員　：印鑑証明ですか…。申し訳ございません。
_{てんいん} _{いんかんしょうめい} _{もう} _{わけ}

　　　　私ではわからないので、すぐにわかる者を呼んでまいります。
_{わたくし} _{もの} _よ

　　　　少々お待ちください。
_{しょうしょう} _ま

お客様：はい、お願いします。
_{きゃくさま} _{ねが}

--

店員　：いらっしゃいませ。
_{てんいん}

お客様：あの、すみません。ニコニコライトを1つ。
_{きゃくさま} _{ひと}

店員　：おたばこでしょうか。恐れ入りますが、*番号をお願いします。
_{てんいん} _{おそ} _い _{ばんごう} _{ねが}

お客様：えっと…123番を1つ。
_{きゃくさま} _{ばん} _{ひと}

店員　：123番、こちらですね。ご協力、ありがとうございました。
_{てんいん} _{ばん} _{きょうりょく}

＊日本のコンビニでは、それぞれの店でたばこに番号をつけています。

_{にほん} _{みせ} _{ばんごう}

話す練習 20

（解答はp.145）

まず音声を聞きましょう。次に（　　）の部分を1～3に変えて話しましょう。

STEP 2

お客様：すみません。（印鑑証明を取り）たいんですが。
きゃくさま　　　　　　いんかんしょうめい　と

店員　：（印鑑証明）ですか…。申し訳ございません。
てんいん　　　いんかんしょうめい　　　　　もう　わけ

私ではわからないので、すぐにわかる者を呼んでまいります。
少々お待ちください。 ポイント

1. *コピー機を使います／コピー機
2. 証明写真のプリントをします／証明写真のプリント
しょうめいしゃしん　　　　　　　　しょうめいしゃしん

3. 試験の受験料を払います／試験の受験料
しけん　じゅけんりょう　はら　　　しけん　じゅけんりょう

＊ コンビニにあるコピー機ではいろいろなことができます。例えば、写真のプリント、スポーツ観戦チケット、コンサートチケット、映画の前売り券の購入などができます。また、印
かんせん　　　　　　　　　　　　　　えいが　まえう　けん　こうにゅう　　　　　　　　　いん

鑑証明や住民票の写しを取ったり、試験の受験料を払ったりすることも簡単にできます。
かんしょうめい　じゅうみんひょう　うつ　と　　しけん　じゅけんりょう　はら　　　　　　　かんたん

便利ですね。
べんり

佐藤店長から
さ　とう　てん　ちょう

ポイント

わからないことがあったら、まずお客様に「申し訳ございません」
きゃくさま　もう　わけ

と言って、わかる人にすぐに聞きに行きましょう。

問題

（解答はp.145～146）

1 正しいものを①②③から選びましょう。

Q1. 仕事をしているとき、わからないことがありました。店員はお客様に何と言いますか。

①私ではわからないので、ご協力、ありがとうございます。

②私ではわからないので、すぐにわかる者を呼んでまいります。

③私ではわからないので、何でしょうか。

Q2. レジでお客様がたばこの名前を言いました。

確認のために、店員はお客様に何をお願いしますか。

①お客様にレジまでたばこを持ってきてもらいます。

②お客様にたばこの名前をもう一度聞いてもらいます。

③お客様にたばこの番号を言ってもらいます。

Q3. お客様がたばこの番号を言いました。店員はお客様に何と言いますか。

①ご利用、ありがとうございました。

②お会計、ありがとうございました。

③ご協力、ありがとうございました。

2 音声を聞いて、①②③からいちばんいい答えを選びましょう。 21

Q1.（　　）　Q2.（　　）　Q3.（　　）

3 ［　　］の中から適当な言葉を選んで、（　　）にa～dを入れましょう。記号は一度しか使えません。

①印鑑（　　）ですか…。申し訳ございません。

②わかる（　　）を呼んでまいります。

③（　　）お待ちください。

④ご（　　）ありがとうございます。

| a. 者 | b. 少々 | c. 証明 | d. 協力 |
| もの | しょうしょう | しょうめい | きょうりょく |

66

|---|---|---|---|

第8課 ご試食いかがですか

動画・音声・翻訳

目標　新商品の試食販売や、お客様に合わせた商品のおすすめができる。

ウォーミングアップ

コンビニで売り上げアップのために、どんなことをすると思いますか。

動画を見ましょう

（解答例はp.146）

動画を見て、考えましょう。

1. ジャンさんは新商品を売るために、何をしていましたか。
2. どうしてお客様は店員におすすめのパンを聞きましたか。
3. ジャンさんは甘いパンが苦手なお客様に何をすすめましたか。

登場人物

店員（ジャン）

お客様

場面

ジャンさんは、新商品の試食販売をします。

また、何を買うか迷っているお客様に声をかけます。

会話 22

音声を聞いて、会話の内容を確認しましょう。

店員　：いらっしゃいませ。ただいま、新商品の試食を行っております。
てんいん　　　　　　　　　　　　　　　　　　　　しんしょうひん　し しょく　おこな

お客様：何の新商品？
きゃくさま　なん　しんしょうひん

店員　：新しくなったやきそばパンです。ご試食、いかがですか。
てんいん　あたら　　　　　　　　　　　　　　　　し しょく

お客様：へえ、そうなんだ。うん、おいしい。
きゃくさま

店員　：朝食にもおやつにもおすすめですよ。
てんいん　ちょうしょく

お客様：じゃあ、２つ買っていこうかな。
きゃくさま　　　　ふた　か

店員　：ありがとうございます。
てんいん

店員　：お客様、何かお探しですか。
てんいん　きゃくさま　なに　さが

お客様：ああ、パンの種類がたくさんあって、迷っちゃって。
きゃくさま　　　　　　　しゅるい　　　　　　　　　　　まよ

何かおすすめ、ありますか。

店員　：こちらのメロンパンがおすすめです。

当店で一番人気の菓子パンです。
とうてん　いちばんにんき　か し

お客様：甘いのは苦手で…。
きゃくさま　あま　　にが て

店員　：それでしたら、コロッケパンはいかがですか。
てんいん

先日リニューアルして、ご好評いただいています。
せんじつ　　　　　　　　　　こうひょう

温めてもおいしいですよ。

お客様：じゃあ、これにします。

店員　：ありがとうございます。

話す練習

（解答はp.146）

まず音声を聞きましょう。次に（　　）の部分を1～3に変えて話しましょう。

1
店員　：新しくなった（やきそばパン）です。ご試食いかがですか。
てんいん　あたら　　　　　　　　　　　　　　　　　ししょく

お客様：へえ、そうなんだ。うん、おいしい。　**ポイント①**

1. から揚げ
2. 肉まん
3. フライドチキン

2
店員　：お客様、何かお探しですか。　**ポイント②**
てんいん　きゃくさま　なに　さが

お客様：ああ、（パン）の種類がたくさんあって、迷っちゃって。
きゃくさま　　　　　　　しゅるい　　　　　　　　　まよ

　　　　何かおすすめ、ありますか。
店員　：こちらの（メロンパン）がおすすめです。
お客様：そう。ありがとう。

1. スイーツ／チーズケーキ
2. サンドイッチ／エビとたまごのサンドイッチ
3. 缶コーヒー／新商品のコーヒー
かん　　　　しんしょうひん

佐藤店長から
さとうてんちょう・・

ポイント①

新商品が発売されたり、おすすめの商品があったりすると、店内で試食販売を行うことが
しんしょうひん　はつばい　　　　　　　　　しょうひん　　　　　　　　　てんない　ししょくはんばい　おこな

あります。お客様に笑顔で声かけをしましょう。
きゃくさま　えがお　こえ

ポイント②

商品選びに迷っているお客様がいたら「何かお探しですか」と
しょうひんえら　まよ　　　　　　きゃくさま　　　　　なに　さが

声をかけましょう。お客様が探しているものや好みを聞いて、
こえ　　　　　　　　きゃくさま　さが　　　　　　　　　この　　き

おすすめの商品を紹介しましょう。
しょうひん　しょうかい

69

問題

（解答はp.146）

1 正しいものを①②③から選びましょう。

Q1. お客様に「新商品を食べてみてください」と言いたいとき、何と言いますか。
きゃくさま　しんしょうひん　た　　　　　　　　　　　　　い　　　　　　　なん　い

①試食しましょうか。

②ご試食いかがですか。

③試食してもいいですか。

Q2. お客様が何を買うか迷っています。お客様に何と言いますか。
きゃくさま　なに　か　　まよ　　　　　　　　　きゃくさま　なん　い

①何かお持ちですか。

②何かお忘れですか。

③何かお探しですか。

Q3.「ご好評いただいております」はどういう意味ですか。

①人気があって、よく売れています。

②人気があって、ときどき売れています。

③人気があって、少し売れています。

2 音声を聞いて、①②③からいちばんいい答えを選びましょう。 24
おんせい　き　　　　　　　　　　　　　こた　えら

Q1.（　　　）　Q2.（　　　）　Q3.（　　　）

3 ［　　　］の中から適当な言葉を選んで、（　）にa～eを入れましょう。
なか　てきとう　ことば　えら　　　　　　　　い

記号は一度しか使えません。
きごう　いちど　つか

①こちら新商品のコロッケパンです。ご（　　　）いかがですか。

②パンの（　　　）がたくさんあって、迷ってしまいます。

③これは（　　　）で一番人気の菓子パンです。

④（1　　　）、リニューアルして、ご（2　　　）いただいております。

a. 先日	b. 種類	c. 好評	d. 当店	e. 試食

│ 　 せんじつ　　　しゅるい　　　こうひょう　　　とうてん　　　ししょく │

第9課　牛肉コロッケおすすめです

目標　おすすめの商品の声かけや、値段の案内ができる。

ウォーミングアップ

1 コンビニで、何か商品をすすめられたことがありますか。

2 値段が書いていない商品があったら、どうしますか。

動画を見ましょう

（解答例はp.146）

動画を見て、考えましょう。

1. 今日のおすすめの新商品は何ですか。
2. お客様はジャンさんに何を聞きましたか。
3. 値段が書いていない商品はいくらでしたか。

登場人物

店員（ジャン）

お客様

場面

ジャンさんは、売り場で新商品の声かけをします。

また、商品の値段の案内もします。

会話 25

音声を聞いて、会話の内容を確認しましょう。

店員　：いらっしゃいませ。新商品の牛肉コロッケ、おすすめです。
　　　　いかがでしょうか。

お客様：あの、すみません。

店員　：はい。

お客様：これ、値段が書いてないんですが、いくらですか。

店員　：たいへん申し訳ございません。
　　　　すぐ確認しますので、少々お待ちくださいませ。
　　　　お待たせしました。こちら、198円です。

お客様：198円ね。わかりました。じゃあ、これください。

店員　：はい、ありがとうございます。こちらへどうぞ。

お客様：はい。

店員　：お客様、ただいま牛肉コロッケが揚げたてです。
　　　　ご一緒にいかがですか。

お客様：ああ、今回はけっこうです。

店員　：はい、わかりました。またよろしくお願いします。

話す練習 26

（解答はp.146～147）

まず音声を聞きましょう。次に（　　）の部分を1～3に変えて話しましょう。

お客様：（値段が書いてない）んですが、（いくらです）か。
_{きゃくさま ねだん か}

店員　：たいへん申し訳ございません。 ポイント
_{てんいん}　　　　　　_{もう わけ}

すぐ（確認します）ので、少々お待ちくださいませ。
_{かくにん}　　　　　_{しょうしょう ま}

1. 新商品のカップラーメンがありません／売り切れです／在庫を見てきます
_{しんしょうひん}　　　　　　　　　　　　_{う き}　　　_{ざいこ み}

2. 箱がつぶれています／これしかありません／探してきます
3. コーヒーマシーンが動きません／故障です／確認します
_{うご}　　　_{こしょう}　_{かくにん}

佐藤店長から
_{さ とう てん ちょう}

ポイント

お客様がわかりにくいと思うことや、店のミスがあったら、まず謝りましょう。
_{きゃくさま}　　　　　　　　_{おも}　　　　_{みせ}　　　　　　　　　_{あやま}

商品の値段がわからないと、お客様は困ってしまいます。
_{しょうひん ねだん}　　　　　　　_{きゃくさま こま}

お客様に迷惑をかけたことに対して、
_{きゃくさま めいわく}　　　　　　_{たい}

店員は「たいへん申し訳ございません」と言います。
_{てんいん}　　　　　_{もう わけ}　　　　　　_い

問題

（解答はp.147）

1 正しいものを①②③から選びましょう。

Q1. お客様に新商品をすすめます。何と言いますか。

①新商品の牛肉コロッケ、いかがでしょうか。

②新商品の牛肉コロッケ、いくらですか。

③新商品の牛肉コロッケ、いいですか。

Q2. 商品に値段が書いてありません。お客様は店員に何と言いますか。

①すみません。これはいくらですか。

②申し訳ございません。お待ちください。

③すみません。これはおすすめです。

Q3. お客様に商品をすすめたら「けっこうです」と言われました。
店員は何と言いますか。

①少々お待ちください。

②またよろしくお願いします。

③すぐ確認します。

2 音声を聞いて、①②③からいちばんいい答えを選びましょう。 27

Q1.（　　　）　Q2.（　　　）　Q3.（　　　）

3 [　　] の中から適当な言葉を選んで、（　）にa～eを入れましょう。記号は一度しか使えません。

①新（1　　　）のメロンパン、（2　　　）です。

②これ、（　　　）が書いてないんですが、いくらですか。

③ただいま牛肉コロッケが（1　　　）です。ご（2　　　）にいかがですか。

a. 商品	b. 揚げたて	c. おすすめ	d. 値段	e. 一緒

第10課 在庫を確認してまいります

動画・音声・翻訳
どうが　おんせい　ほんやく

目標　商品の在庫確認後の説明や謝罪ができる。
もくひょう　しょうひん　ざいこかくにんご　せつめい　しゃざい

ウォーミングアップ

コンボニでほしい商品がないとき、どうしますか。

動画を見ましょう

（解答例はp.147）

動画を見て、考えましょう。

1. 今日は麺類がいくら安くなりますか。
きょう　めんるい　　　　やす

2. 店員は何の在庫を確認しますか。
てんいん　なん　ざいこ　かくにん

3. お客様を待たせたとき、まずお客様に何と言いますか。
きゃくさま　ま　　　　　　　　　　きゃくさま　なん　い

登場人物
とうじょうじんぶつ

店員
てんいん

（ジャン）

お客様
きゃくさま

場面
ばめん

ジャンさんは、お客様にセールがあることを伝えます。
きゃくさま　　　　　　　　　　　　　　　　つた

また、お客様に聞かれた商品の在庫を確認します。
きゃくさま　き　　しょうひん　ざいこ　かくにん

会話 28

音声を聞いて、会話の内容を確認しましょう。

店員　：いらっしゃいませ。麺類50円引きセール実施中です。
　　　　どうぞご利用くださいませ。

お客様：すみません、50円引きは麺類だけですか。

店員　：申し訳ございません。麺類だけです。

お客様：そうなんですね。わかりました。
　　　　あの、ツナのおにぎりがほしいんですけど。

店員　：ツナのおにぎりですね。
　　　　在庫を確認してまいりますので、少々お待ちください。

お客様：お願いします。

店員　：たいへんお待たせしました。申し訳ございません。
　　　　ただいまツナのおにぎりは在庫がございません。

お客様：そうですか…。わかりました。

店員　：たいへん申し訳ございませんでした。

話す練習　29

（解答はp.147）

まず音声を聞きましょう。次に（　　）の部分を1～3に変えて話しましょう。

STEP 2

お客様：あの、（ツナのおにぎり）がほしいんですけど。

店員　：（ツナのおにぎり）ですね。

在庫を確認してまいりますので、少々お待ちください。 ポイント①
ざいこ　かくにん　　　　　　　　　　　　　　しょうしょう　ま

店員　：たいへんお待たせしました。申し訳ございません。 ポイント②
てんいん　　　　　　　ま　　　　　　　もう　わけ

ただいま、（ツナのおにぎり）は在庫がございません。
ざいこ

お客様：そうですか…。わかりました。
きゃくさま

1. 車の雑誌
くるま　ざっし

2. トイレットペーパー
3. カレー味のカップラーメン

佐藤店長から

ポイント①

「～てまいります」は「～てきます」の謙譲語です。

ていねいに話すときは「から」ではなく、「ので」を使って説明しましょう。

ポイント②

お客様を待たせたとき、まずは「たいへんお待たせしました」と言います。それから、もう一度「申し訳ございません」と謝罪して、在庫がないことを伝えます。
きゃくさま　ま　　　　　　　　　　　　　　　　　　ま　　　　　　　い
いちど　もう　わけ　　　　　　　　しゃざい

問題

（解答はp.147～148）

1 正しいものを①②③から選びましょう。

Q1. お客様が店に来たとき、店員は何と言いますか。

①いらっしゃいます。　②いらっしゃいませ。　③いらっしゃいました。

Q2.「セール実施中です」はどういう意味ですか。

①もう、セールが終わりました。

②これから、セールをします。

③今、セールをしています。

Q3.「おにぎりは在庫がございません」はどういう意味ですか。

①おにぎりじゃありません。

②おにぎりがありません。

③おにぎりがいりません。

2 音声を聞いて、①②③からいちばんいい答えを選びましょう。 30

Q1.（　　　）　Q2.（　　　）　Q3.（　　　）

3 □ の中から適当な言葉を選んで、（　　）にa～eを入れましょう。記号は一度しか使えません。

①パンのセール実施中です。（　　　）ご利用くださいませ。

②お客様、（　　　）お待たせしました。こちらが商品です。

③申し訳ございません。レタスサンドは（　　　）在庫がございません。

④商品をお持ちしますので、（　　　）お待ちください。

⑤本日、おにぎりが30円（　　　）です。

a. たいへん	b. 少々	c. 引き	d. ただいま	e. どうぞ

第11課 宅配便ですね

目標　宅配便の受付業務ができる。

ウォーミングアップ

あなたの国で宅配便を送るとき、どこへ荷物を持っていきますか。

動画を見ましょう

（解答例はp.148）

動画を見て、考えましょう。

1. お客様は店員に何をお願いしましたか。
2. お客様はいつまでに荷物を届けてほしいですか。
3. 最短でいつ届けることができますか。

登場人物

店員（ジャン）

お客様

場面

お客様が宅配便をレジに持ってきました。

ジャンさんは、宅配便を届ける日や料金について、お客様と話します。

会話 31

音声を聞いて、会話の内容を確認しましょう。

店員　：いらっしゃいませ。

お客様：宅配便をお願いしたいんですけど。

店員　：宅配便ですね。かしこまりました。

　　　　ご希望のお届け日時はございますか。

お客様：なるべく早く届けてほしいんですが。

店員　：こちらなら、あさっての午前中が最短になりますね。

お客様：あさってなら大丈夫。じゃあ、それでお願いします。

店員　：料金は1,000円です。

お客様：はい。

店員　：こちらがお客様控えです。それではお荷物をお預かりします。

お客様：よろしくね。

店員　：はい、ありがとうございました。またお越しくださいませ。

話す練習 32

（解答はp.148）

まず音声を聞きましょう。次に（　　）の部分を1～3に変えて話しましょう。

お客様：なるべく（早く届けて）ほしいんですが。

店員　：こちらなら、（あさっての午前中が最短になります）ね。 ポイント

1. 早く届けます／あさっての午後が最短になります
2. 早くします／明日の午後1時ごろになります
3. 急ぎます／二日間かかります

佐藤店長から

ポイント

ここでの「最短」は「一番早い到着日時」という意味です。
「最短で、あさっての午前中です」という言い方もできます。
お客様が宅配便を持ってきたら、荷物のサイズをはかり、送り先を確認します。忘れずにお客様控えを渡しましょう。

問題

（解答はp.148）

1 正しいものを①②③から選びましょう。

Q1.お客様が宅配便を持ってきました。店員はお客様に何と言いますか。
きゃくさま　たくはいびん　も　　　　　　　　てんいん　きゃくさま　なん　い

①ご希望のお届け日時はございますか。
きぼう　とど　にちじ

②お客様控えがほしいですか。
きゃくさまひか

③あさっての午前中に届けたいですか。
ごぜんちゅう　とど

Q2.お客様が宅配便を持ってきました。店員は何をしなければなりませんか。
きゃくさま　たくはいびん　も　　　　　　　　てんいん　なに

①荷物を車にのせます。　②荷物を開けます。　③荷物のサイズをはかります。
にもつ　くるま　　　　　　　　にもつ　あ　　　　　　　　にもつ

Q3.お客様が宅配便の料金を払いました。お客様にお客様控えを渡した後、
きゃくさま　たくはいびん　りょうきん　はら　　　　　きゃくさま　きゃくさまひか　わた　あと

店員は何と言いますか。

①宅配便ですね。かしこまりました。

②それではお荷物をお預かりします。

③お荷物を確認してまいります。

2 音声を聞いて、①②③からいちばんいい答えを選びましょう。 33
おんせい　き　　　　　　　　　　　　　こた　えら

Q1.（　　）　Q2.（　　）　Q3.（　　）

3 □の中から適当な言葉を選んで、（　　）にa～eを入れましょう。
なか　てきとう　ことば　えら　　　　　　　い

記号は一度しか使えません。
きごう　いちど　つか

①こちらなら、あさっての午前中が（　　）になりますね。

②お荷物の（　　）は、いつがよろしいですか。

③（　　）ですね。荷物はお1つですか。

④（　　）は1,000円です。

⑤こちらが（　　）です。それではお荷物をお預かりします。

| a. お届け日時 | b. 最短 | c. お客様控え | d. 宅配便 | e. 料金 |
| とど　にちじ | さいたん | きゃくさまひか | たくはいびん | りょうきん |

|---|---|---|---|---|

やってみよう　宅配便

送り状を書いてみましょう。例を見て、何を書くか確認しましょう。
おく　じょう　か　　　　　　れい　み　　　　なに　か　　　かくにん

例）

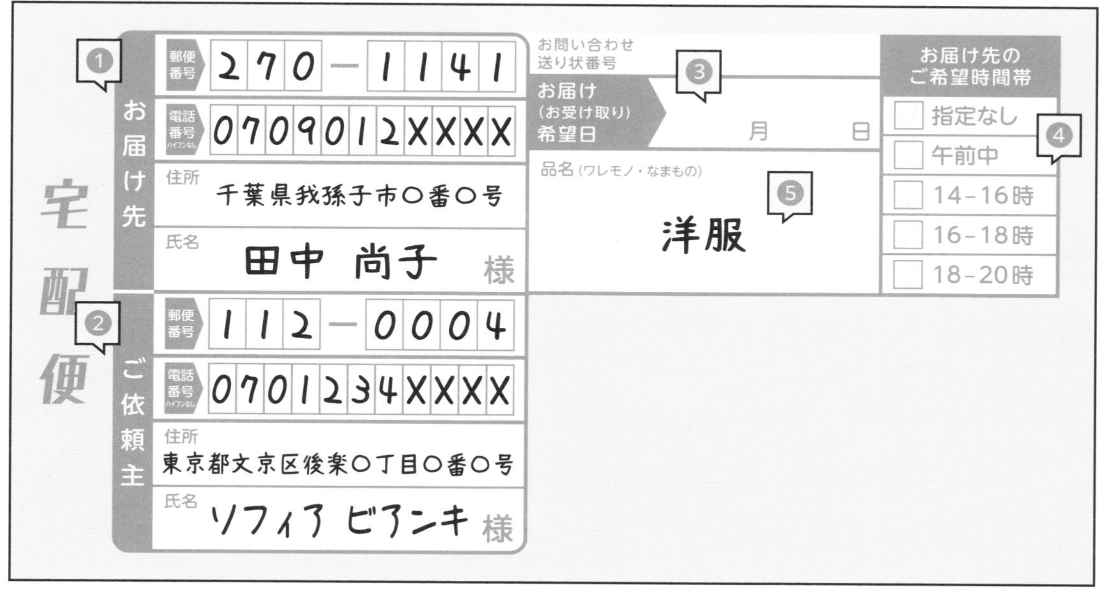

宅配便

❶ お届け先
郵便番号 270－1141
電話番号（ハイフンなし） 0709012XXXX
住所 千葉県我孫子市○番○号
氏名 田中 尚子 様

❷ ご依頼主
郵便番号 112－0004
電話番号（ハイフンなし） 0701234XXXX
住所 東京都文京区後楽○丁目○番○号
氏名 ソフィア ビアンキ 様

お問い合わせ送り状番号

❸ お届け（お受け取り）希望日　月　日

品名（ワレモノ・なまもの）
❺ 洋服

❹ お届け先のご希望時間帯
指定なし
午前中
14－16時
16－18時
18－20時

❶ 送り先の郵便番号／電話番号／住所／
おく　さき　ゆうびんばんごう　でん わ ばんごう　じゅうしょ

名前

❷ 自分の郵便番号／電話番号／住所／
じ ぶん　ゆうびんばんごう　でん わ ばんごう　じゅうしょ

名前

❸ 配達希望日

❹ 配達希望時間帯
はいたつ き ぼう じ かんたい

※わからない場合は「指定なし」にしましょう

❺ 入っているもの

※ワレモノ：割れる可能性があるもの

※なまもの：野菜や肉・魚など
やさい　にく　さかな

COLUMN

「自分の時間」で働く

コンビニといえば、その多くは365日、24時間営業です。いつでも気軽に利用できる「便利さ」が魅力です。その便利さを支えているのが各店舗で働く人たちですが、いったいどんなシフトで働いているのか知っていますか。

店によって違うこともありますが、多くの店では、「早朝（6：00〜9：00）」「午前（9：00〜13：00）」「午後（13：00〜17：00）」「夕方（17：00〜22：00）」、そして「深夜（22：00〜6：00）」の5シフト制が採用されています。これを見て、「あっ、これなら、私も働けそう」と思った人もいるかもしれませんね。コンビニのアルバイトは、学校や家庭のことなどで忙しくても、「あいている時間を有効に使いたい」という人にぴったりです。

「早起きして、がんばりたい」「夜でもオーケー」という人も大歓迎です。早朝や深夜の場合は時給がプラスされます。このように、コンビニは、利用する人だけではなく、アルバイトをする人にとっても、自分で働く時間が選べる便利な職場なのです。

COLUMN

あいさつも大切な仕事

「コンビニの仕事」とひとことでいっても、レジでのお客様対応だけではなく、品出しや掃除など…実に、さまざまな仕事があるため、一般的に、１つのシフトに２人以上入ります。一緒に働く人がいるのは安心です。それだけに、その人たちとのコミュニケーションが、とても大切になります。

まず、基本はあいさつ。「おはようございます」「お先に失礼します」「お疲れさまでした」など、あいさつで仕事が始まり、あいさつで終わります。また、「〇〇が終わりました」「〇〇はまだです」など、仕事の状況を言葉でしっかり伝えることも重要です。

困ったことがあったら、「〇〇しましょうか」「〇〇してもらってもいいですか」と言って助け合いましょう。さらに、同じシフトの人だけではなく、自分の前後のシフトに入っている人との「引き継ぎ」も必要です。つまり、同じコンビニで働く人たちは、みんな大切な「仲間」です。まずは、笑顔と元気なあいさつから、仲間とのコミュニケーションの輪を広げてください。

STEP 3

コンビニで働こう
～店長への報・連・相～

コンビニのアルバイトでは、店長に報告・連絡・相談をすることが大切です。

ジャンさんは、店長との会話を通して、

コンビニの仕事について理解を深めていきます。

第12課｜10分ぐらい遅刻しそうです

第13課｜早退してもよろしいでしょうか

第14課｜休みをもらいたいんですが

第15課｜「欠品」はどういう意味ですか

第16課｜傘立てを出してもらえない?

第17課｜アイスがよく売れそうですね

第18課｜とてもいい提案ですね

第19課｜ご迷惑をおかけしてすみません

第12課 10分ぐらい遅刻しそうです

目標　理由とともに遅刻の連絡ができる。

ウォーミングアップ

アルバイトに間に合わないとき、どうしますか。

動画を見ましょう

（解答例は p.148）

動画を見て、考えましょう。

1. 今、ジャンさんはどこにいますか。
2. どうして店長に電話しましたか。
3. アルバイトに何分ぐらい遅れそうですか。

登場人物

店員（ジャン）

店長（佐藤）

場面

電車が止まってしまって、ジャンさんはアルバイトに遅刻しそうです。

店長に電話で連絡します。

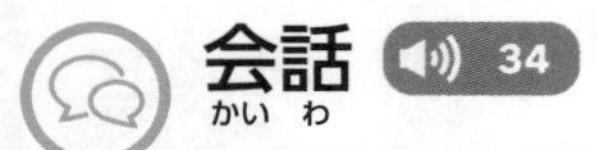

会話 34

音声を聞いて、会話の内容を確認しましょう。

店長：お電話ありがとうございます。
てんちょう でんわ

　　　ニコニコストアの佐藤でございます。

店員：もしもし、アルバイトのジャンです。

店長：ジャンさん、どうしたの？　この後、5時からシフトに入っていますよね。
てんちょう あと じ はい

店員：はい、そうなんですが…。
てんいん

　　　実は、今、東京駅にいるんですが、事故で電車が止まっていて…。
じつ いま とうきょうえき じこ でんしゃ と

店長：そうですか。それはたいへんですね。
てんちょう

店員：それで、少し遅刻しそうなんです。
てんいん すこ ちこく

店長：わかりました。連絡ありがとう。それで何時ごろに来られそう？
てんちょう れんらく なんじ こ

店員：あ、ちょっと待ってください。駅員さんに聞いてみます。
てんいん ま えきいん き

店員：もしもし、もうすぐ運転再開すると言っていました。
てんいん うんてんさいかい い

　　　でも、10分ぐらい遅刻しそうです。
ぶん ちこく

店長：わかりました。こっちは大丈夫だから、気をつけて来てくださいね。
てんちょう だいじょうぶ き き

店員：ありがとうございます。すみませんが、よろしくお願いします。
てんいん ねが

　　　失礼します。
しつれい

店長：はい、失礼します。
てんちょう しつれい

話す練習 はな れんしゅう 🔊 35

（解答はp.148〜149）
かいとう

まず音声を聞きましょう。次に（　　）の部分を1〜3に変えて話しましょう。
おんせい きつぎぶぶんかはな

店長：お電話ありがとうございます。
てんちょう でん わ

（ニコニコストアの佐藤）でございます。

店員：もしもし、アルバイトの（ジャン）です。 ポイント①

店長：（ジャン）さん、どうしたの？

店員：実は、（今、東京駅にいるんですが、事故で電車が止まっていて）…。
てんいん じつ いま とうきょうえき じ こ てんしゃ と

ポイント②

STEP 3

1. ラッキーショップの山田／（自分の名前）
やま だ じ ぶん な まえ

   （自分の名前）／今、学校にいるんですが、授業が長引いてしまいました。
じ ぶん な まえ いま がっこう じゅぎょう なが び

2. わくわくストアの鈴木／（自分の名前）
すず き じ ぶん な まえ

   （自分の名前）／まだ家にいるんですが、ちょっと体調が悪いです。
じ ぶん な まえ いえ たいちょう わる

3. きらきらマートの田中／（自分の名前）
た なか じ ぶん な まえ

   （自分の名前）／まだ駅の近くにいるんですが、自転車がパンクしてしまいました。
じ ぶん な まえ えき ちか じ てんしゃ

佐藤店長から

ポイント①

自分の名前を言うときは、相手が聞き取りやすいように、はっきり言いましょう。
じ ぶん な まえ い あいて き と い

ポイント②

アルバイトに遅れるということはもちろん、自分の現在の状況と遅
おくじ ぶん げんざい じょうきょう ち

刻の理由を伝えることも大切です。アルバイトに遅れそうになったら、
こく り ゆう つた たいせつ おく

できるだけ早く連絡しましょう。

問題

（解答はp.149）

1 正しいものを①②③から選びましょう。

Q1. 駅員から聞いた情報を店長に伝えます。店長に何と言いますか。
えきいん き じょうほう てんちょう つた てんちょう なん い

①もうすぐ運転再開すればいいです。
うんてんさいかい

②もうすぐ運転再開してきます。
うんてんさいかい

③もうすぐ運転再開すると言っていました。
うんてんさいかい い

Q2. 電話をきるとき、店長に何と言いますか。
でんわ てんちょう なん い

①失礼します。　②バイバイ。　③さようなら。
しつれい

Q3. 電車の事故で、アルバイトに間に合わないかもしれません。店長に何と言いますか。
でんしゃ じこ ま あ てんちょう なん い

①事故で電車が止まっていて、遅刻しそうです。すみません。
じこ でんしゃ と ちこく

②事故で電車が止まっていて、遅刻したいです。ありがとうございます。
じこ でんしゃ と ちこく

③事故で電車が止まっていて、遅刻するでしょう。しかたがありません。
じこ でんしゃ と ちこく

2 音声を聞いて、①②③からいちばんいい答えを選びましょう。 36
おんせい き こた えら

Q1.（　　）　Q2.（　　）　Q3.（　　）

3 例のように、下の［　　］の中から適当な言葉を選んで、（　　）にa~fを入れ
れい した なか てきとう ことば えら い

ましょう。記号は一度しか使えません。□には助詞を入れましょう。
きごう いちど つか じょし い

例）アナウンスで、もうすぐ（　a　）する［と］言っていました。

①今日、ジャンさんは5時から（　　）□入っています。

②今、（　　）□電車が止まっています。

③すみません。（　　）□長引いて、仕事に遅れそうです。
ながび しごと おく

④いつ電車が来るか、（　　）□聞いてみます。

⑤こっちは大丈夫だから、（　　）□つけて来てください。

| ~~a. 運転再開~~ | b. 事故 | c. シフト | d. 駅員さん | e. 気 | f. 授業 |
| うんてんさいかい | じこ | | えきいん | き | じゅぎょう |

90

|---|---|---|---|---|---|

第13課 早退しても
そうたい

よろしいでしょうか

動画・音声・翻訳
どうが　おんせい　ほんやく

目標 理由とともに早退を申し出ることができる。
もくひょう　りゆう　　　　そうたい　もう　で

ウォーミングアップ

仕事中に体の調子が悪くなったら、どうしますか。
し ごとちゅう　からだ ちょうし わる

動画を見ましょう

（解答例はp.149）
どう が　み　　　　　　　　　　　　　　　　　　　　かいとうれい

動画を見て、考えましょう。
どう が　み　　かんが

1. ジャンさんが早退したい理由は何ですか。
そうたい　　り ゆう　なん

2. 早退の許可をもらうとき、まず何といいますか。
そうたい　きょ か　　　　　　　　　　なん

3. ジャンさんは、この後どうしますか。
あと

登場人物
とうじょうじん ぶつ

店員（ジャン）

店長（佐藤）
てんいん　　　　　　　　　　てんちょう　さ とう

場面
ば めん

ジャンさんは、アルバイト中、急におなかが痛くなりました。
ちゅう　きゅう　　　　　　いた

早退してもいいかどうか、店長に聞きます。
そうたい　　　　　　　　　　てんちょう き

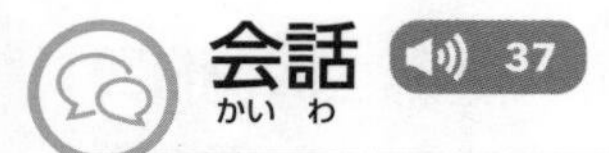

会話 37

音声を聞いて、会話の内容を確認しましょう。

店員：店長、すみません。

店長：うん。

店員：申し訳ないんですが、早退してもよろしいでしょうか。

店長：どうしたの？

店員：あの…、実は急におなかが痛くなって…。

店長：え？　大丈夫？　顔色も悪いみたいだけど…。
今日はもういいから、早くあがって。

店員：ありがとうございます。本当にすみません。

店長：今日はすぐ帰って、うちでゆっくり休んでね。

店員：はい、わかりました。じゃあ、お先に失礼します。

店長：お疲れさま。お大事に。

話す練習

（解答はp.149）

まず音声を聞きましょう。次に（　　）の部分を1～3に変えて話しましょう。

店員：申し訳ないんですが、（早退して）もよろしいでしょうか。 ポイント①

店長：どうしたの？

店員：あの…、実は（急におなかが痛くなって）…。 ポイント②

1. 早退します／頭が痛くなります
2. ちょっと休憩します／少し気分が悪いです
3. 来週の金曜日は休みます／大学の面接試験があります

STEP 3

佐藤店長から

ポイント①

「～てもよろしいでしょうか」は、許可をもらうときのていねいな言い方です。

「申し訳ないんですが…」も「すみませんが…」よりていねいな言い方です。

ポイント②

「実は」は相手が知らないことを言うときに使います。

よく使うので、使い方を覚えましょう。

問題

（解答はp.149～150）

1 正しいものを①②③から選びましょう。

Q1.今日は早く帰りたいです。店長に何と言いますか。
きょう　はや　かえ　　　　　　てんちょう　なん　い

①出勤してもよろしいでしょうか。

②早退してもよろしいでしょうか。

③発注してもよろしいでしょうか。

Q2.店長は店員に「早くあがって」と言いました。これはどういう意味ですか。
てんちょう　てんいん　はや　　　　　　　い　　　　　　　　　　　　　　　　　いみ

①早く上へ行ってください。
はや　うえ　い

②早く来てください。
はや　き

③早く帰ってください。
はや　かえ

Q3.病気の人に何と言いますか。
びょうき　ひと　なん　い

①お大事に。　②お先に失礼します。　③お待たせしました。
だいじ　　　　　　さき　しつれい　　　　　　　ま

2 音声を聞いて、①②③からいちばんいい答えを選びましょう。 39
おんせい　き　　　　　　　　　　　　　　こた　えら

Q1.（　　）　Q2.（　　）　Q3.（　　）

3 ①～⑤を読みましょう。ジャンさんの体調を表すイラストを選んで、（　）に
よ　　　　　　　　　　　　　　たいちょう　あらわ　　　　えら

a～eを入れましょう。記号は一度しか使えません。
い　　　　　　きごう　いちど　つか

①頭が痛いです。（　）　②おなかが痛いです。（　）　③熱があります。（　）
あたま　いた　　　　　　　　いた　　　　　　　　　　　ねつ

④のどが痛いです。（　）　⑤せきが出ます。（　）
いた　　　　　　　　　　で

a

b

c

d

e

第14課 休みをもらいたいんですが

目標　シフトの変更を申し出ることができる。

ウォーミングアップ

休みをもらいたいとき、店長に何と言いますか。

動画を見ましょう

（解答例はp.150）

動画を見て、考えましょう。

1. ジャンさんは店長に何について相談しましたか。
2. ジャンさんはいつ休みたいと言いましたか。
3. ジャンさんが休みたいと言った理由は何ですか。

登場人物

店員（ジャン）

店長（佐藤）

場面

ジャンさんは来月、試験があるので、アルバイトを休みたいと思っています。

シフトを変えてもらえるかどうか、店長に相談します。

会話 40

音声を聞いて、会話の内容を確認しましょう。

店長：ジャンさん、お客様も少ないし、もう休憩に入っていいよ。
てんちょう　　　　　　　　　きゃくさま　すく　　　　　　　　きゅうけい　はい

店員：そうですか。ありがとうございます。

あの…、店長、すみません。

ちょっと来月のシフトについて相談したいんですが、今、よろしいですか。
らいげつ　　　　　　　　　　　そうだん　　　　　　　　いま

店長：うん、いいよ。どうしたの？
てんちょう

店員：実は…、7月14日に学校の試験があるので、休みをもらいたいんです
てんいん　じつ　　　　がつじゅうよっか　がっこう　しけん　　　　　　　やす

が…。

店長：14日ね…。わかった。じゃあ、代わりの人を探しておくね。
てんちょう　じゅうよっか　　　　　　　　　　　　か　　ひと　さが

店員：あ、店長、この前、夕勤の鈴木さんに、昼から入ってもらえるかどうか、
てんいん　　てんちょう　まえ　ゆうきん　すずき　　　ひる　はい

聞いてみたんですが…。

店長：何て言ってた？
てんちょう　なん　い

店員：はい、大丈夫だと言っていました。
てんいん　　だいじょうぶ　　い

店長：本当？　よかった。じゃあ、私からも鈴木さんに話してみるよ。
てんちょう　ほんとう　　　　　　　　　　　わたし　　　すずき　　　はな

試験がんばってね。

店員：はい、ありがとうございます。がんばります。

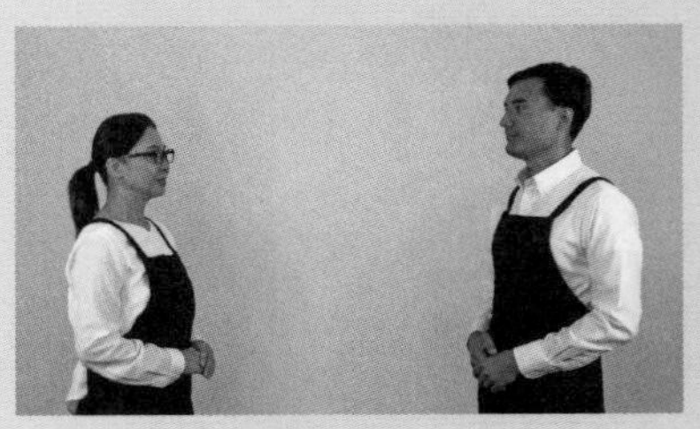

話す練習 41

（解答は p.150）
はな　れんしゅう　　　　　　　　　　　　　　　　　　　　　　　かいとう

まず音声を聞きましょう。次に（　　）の部分を1～3に変えて話しましょう。
おんせい　き　　　　　　　　つぎ　　　　　　ぶぶん　　　　　　か　　　はな

STEP
3

1 店員：あの…、店長、すみません。
てんいん　　　　　　てんちょう

ちょっと（来月のシフト）について相談したいんですが、今、
らいげつ　　　　　　　　　そうだん　　　　　　　　　いま

よろしいですか。 ポイント①

店長：うん、いいよ。どうしたの？

1. あしたの勤務時間
2. 来週金曜日の夕勤のシフトらいしゅうきんようび　ゆうきん
3. 来月の早朝勤務のシフトらいげつ　そうちょうきんむ

2 店員：実は…、（7月14日に学校の試験がある）ので、休みをもらいたいん
てんいん　じつ　　　　がつじゅうよっか　がっこう　しけん　　　　　　　　やす

ですが…。 ポイント②

店長：14日ね…。わかった。
てんちょう　じゅうよっか

1. 日曜日に日本語のテストがありますにちようび　にほんご
2. 10月6日に大学の入試がありますがつむいか　だいがく　にゅうし
3. 来月、国の友達が来ますらいげつ　くに　ともだち　き

佐藤店長から

ポイント①

ていねいに話しかけるときは、「ちょっと～んですが」と言いましょう。また、「今、よろしいですか」と相手の都合を聞くことも忘れないよ
いま　　　　　　　　　あいて　つごう　き　　　　　　わす

うにしましょう。

ポイント②

シフトの変更をお願いするときは、できるだけ早めに言いましょう。
へんこう　ねが　　　　　　　　　　　　　はや　　い

問題

（解答はp.150～151）

1 正しいものを①②③から選びましょう。

Q1. 店長に相談したいとき、店長に何と言いますか。

①ちょっと相談したいんですが、今、よろしいですか。

②ちょっと相談したいんですが、少々お待ちください。

③ちょっと相談したいんですが、いかがなさいますか。

Q2. 試験があって、アルバイトを休みたいとき、店長に何と言いますか。

①学校の試験があるので、休みをあげたいんですが…。

②学校の試験があるので、休みをもらいたいんですが…。

③学校の試験があるので、休みをやりたいんですが…。

Q3.「夕勤」はどういう意味ですか。

①朝から昼まで働くシフト

②昼から夕方まで働くシフト

③夕方から夜まで働くシフト

2 音声を聞いて、①②③からいちばんいい答えを選びましょう。 42

Q1.（　　）　Q2.（　　）　Q3.（　　）

3 店長と店員が話しています。正しい順番に並べて、（　　）にa～dを入れましょう。

a. うん、いいよ。どうしたの？

b. 来月ね…。わかった。

c. 実は…、来月、学校の試験があるので、休みをもらいたいんですが…。

d. 来月のシフトについて相談したいんですが、今、よろしいですか。

（①　　）→（②　　）→（③　　）→（④　　）

第15課 「欠品」はどういう意味ですか

動画・音声・翻訳
どうが　おんせい　ほんやく

目標 わからない言葉の意味が質問できる。
もくひょう　　　　ことば　いみ　しつもん

ウォーミングアップ

仕事中に、初めて聞く言葉があったら、どうしますか。
しごとちゅう　はじ　き　ことば

動画を見ましょう

（解答例はp.151）

動画を見て、考えましょう。

1. 今日、店で何のセールがありますか。
2. 今日は、どんなことに気をつけなければなりませんか。
3. ジャンさんは今日、から揚げを何個ずつ仕込む予定ですか。
きょう　あ　なんこ　しこ　よてい

登場人物
とうじょうじんぶつ

店員（ジャン）

店長（佐藤）
てんいん　　　　　　　てんちょう　さとう

場面
ばめん

朝礼で店長が話しています。
ちょうれい　てんちょう　はな

ジャンさんはわからない言葉があったので、店長に質問します。
ことば　　　　　　てんちょう　しつもん

99

会話 43

音声を聞いて、会話の内容を確認しましょう。

店長：それでは、朝礼を始めます。おはようございます。

店員：おはようございます。

店長：今日は、揚げ物のセールがあります。

から揚げはよく売れるから、欠品にならないように、多めに仕込んでください。

店員：あの、すみません。「欠品」はどういう意味ですか。

店長：「欠品」は商品がなくなるという意味です。

ですから、欠品に気をつけてください。

店員：はい、わかりました。じゃあ、いつもは5個ずつですが、今日は10個ずつ仕込んでもいいですか。

店長：そうですね。お願いします。他に質問はありませんか。

店員：…ありません。

店長：それでは今日も1日、よろしくお願いします。

店員：よろしくお願いします。

（解答はp.151）

まず音声を聞きましょう。次に（　　）の部分を1～3に変えて話しましょう。

店員：あの、すみません。

（「欠品」）はどういう意味ですか。 ポイント

店長：（「欠品」は商品がなくなる）という意味です。

1. 「発注」／「発注」は商品を注文します
2. 「夕勤」／「夕勤」は夕方から夜まで働きます
3. 「あがる」／「あがる」は退勤します

STEP 3

佐藤店長から

ポイント

わからない言葉は、店長や先輩にすぐ聞きましょう。意味や内容を聞きたいときは「どういう～ですか」と聞きましょう。「～」には「意味」「こと」「もの」などを入れます。言葉の意味を聞いて、それから何をすればいいか確認するといいですね。

問題

（解答はp.151）

1 正しいものを①②③から選びましょう。

Q1.「朝礼」はどういう意味ですか。

①朝のシフト　②朝のミーティング　③朝のセール

Q2.「欠品」という言葉がわからないとき、店長に何と言いますか。
けっぴん　　　　ことば　　　　　　　　　てんちょう　なん　い

①すみません。「欠品」はどういう意味ですか。

②すみません。「欠品」はどうしますか。

③すみません。「欠品」はどうしてですか。

Q3. 今日はから揚げが売れそうです。店員は何をしますか。
きょう　　　あ　　う　　　　　　てんいん　なに

①いつもより多くから揚げを揚げます。

②いつもより多くから揚げを買います。

③いつもより多くから揚げを食べます。

2 音声を聞いて、①②③からいちばんいい答えを選びましょう。 45
おんせい　き　　　　　　　　　　　　こた　えら

Q1.（　　）　Q2.（　　）　Q3.（　　）

3 下のイラストを見ましょう。[　　] の中から適当な言葉を選んで、（　　）に
した　　　　　　み　　　　　　　　　　なか　てきとう　ことば　えら

a～dを入れましょう。

①（　　）

②（　　）

③（　　）

④（　　）

a. 宅配便の受付業務	b. から揚げを揚げる	c. 朝礼	d. 袋詰め

たくはいびん　うけつけぎょうむ　　　あ　　あ　　　ちょうれい　　ふくろづ

第16課 傘立てを出してもらえない?

目標 店長の指示を正しく理解し、行動できる。
もくひょう　てんちょう　し じ　ただ　り かい　こうどう

ウォーミングアップ

雨の日、コンビニではどんな仕事があると思いますか。
あめ　ひ　　　　　　　　　　　　　しごと　　　　　おも

動画を見ましょう

(解答例はp.151)
> 　　どう が　み　　　　　　　　　　　　　　　　　かいとうれい

動画を見て、考えましょう。

1. 今日はどんな天気ですか。
2. 店長はジャンさんに何を出してもらいましたか。
> 　　てんちょう　　　　　　なに　だ
3. ジャンさんは店長にいくつ報告をしましたか。
> 　　　　　　　　　てんちょう　　　ほうこく

登場人物
とうじょうじん ぶつ

店員(ジャン)

店長(佐藤)
てんいん　　　　　　　　てんちょう　さ とう

場面
ば めん

雨が降ってきました。
あめ　ふ

店長から指示を受けて、ジャンさんはすぐに対応します。
てんちょう　し じ　う　　　　　　　　　　　　たいおう

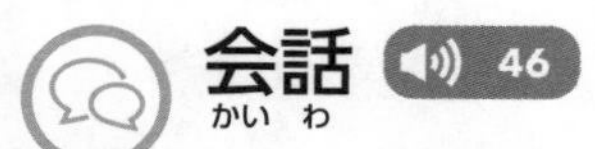

会話

音声を聞いて、会話の内容を確認しましょう。

店員：店長、雨ですよ。
てんいん　てんちょう　あめ

店長：あ、本当？
てんちょう　　　ほんとう

　　　じゃあ、傘立てを出してもらえない？
かさた　　だ

店員：わかりました。
てんいん

店員：店長、傘立てを出してきました。
てんいん　てんちょう　かさた　　だ

店長：ありがとう。
てんちょう

店員：雨で床がぬれてましたよ。
てんいん　あめ　ゆか

店長：じゃあ、悪いけど、モップがけもお願いしていいかな。
てんちょう　　　　わる　　　　　　　　　　　　ねが

店員：モップですね。わかりました。すぐにやります。
てんいん

店員：店長、モップがけ、終わりました。
てんいん　てんちょう　　　　　お

店長：ありがとう。

店員：また、後でかけておきますね。

店長：うん、よろしくね。

（解答はp.152）

まず音声を聞きましょう。次に（　　）の部分を1～3に変えて話しましょう。

店長：（傘立てを出して）もらえない？ ポイント①

店員：はい、わかりました。

店長：悪いけど、（モップがけ）もお願いしていいかな。

店員：（モップがけ）ですね。わかりました。すぐにやります。 ポイント②

1. から揚げを揚げます／牛肉コロッケ／牛肉コロッケ
2. 床を掃除します／トイレ／トイレ
3. お菓子を補充します／カップラーメン／カップラーメン

STEP 3

佐藤店長から

ポイント①

「～てもらえない？」は、指示をやさしく伝えるときに使います。

目上の人に使うことはできません。

ポイント②

店長から指示されたときは、確認のために、復唱しましょう。

それから、「すぐにやります」と言って行動しましょう。

問題

（解答はp.152）

1 正しいものを①②③から選びましょう。

Q1. 雨が降ってきたとき、店に何を出しますか。
あめ　ふ　　　　　　　みせ　なに　だ

①床　②傘立て　③モップ

Q2. どうしてモップをかけますか。

①床がぬれているから。　②雨が降っているから。　③店員が悪いから。
ゆか　　　　　　　　　　　　あめ　ふ　　　　　　　　　てんいん　わる

Q3.「悪いけど」を正しく使っている文はどれですか。
わる　　　　　　ただ　つか　　　　ぶん

①悪いけど、あしたは雨が降りそうですね。

②悪いけど、休憩をとってもかまいません。

③悪いけど、トイレの掃除をお願いします。

2 音声を聞いて、①②③からいちばんいい答えを選びましょう。 48
おんせい　き　　　　　　　　　　　　　　こた　えら

Q1.（　　）　Q2.（　　）　Q3.（　　）

3 下のイラストを見ましょう。□の中から適当な文を選んで、（　）にa～eを入れましょう。
した　　　　　　み　　　　　　　　　　なか　てきとう　ぶん　えら

①（　　）

②（　　）

③（　　）

④（　　）

a. バケツに水を入れます。	b. モップをかけます。
c. 掃除機をかけます。	d. ほうきで掃きます。

第17課 アイスがよく売れそうですね
う

動画・音声・翻訳
どうが　おんせい　ほんやく

目標 店長の指示を理解したうえで、売れる商品が予測できる。
もくひょう　てんちょう　しじ　りかい　う　しょうひん　よそく

ウォーミングアップ

1 暑い日、コンビニでどんなものを買いますか。

2 寒い日、コンビニでどんなものを買いますか。

動画を見ましょう

（解答例はp.152）
どうが　み　　　　　　　　　　　　　　　かいとうれい

動画を見て、考えましょう。
どうが　み　かんが

1. 暑い日に、店長がよく売れると思っているものは何ですか。
あつ　ひ　てんちょう　う　おも　なん

2. 今日は何の納品量が多いですか。
きょう　なん　のうひんりょう　おお

3. 店長が、ジャンさんに補充を指示したものは何ですか。
てんちょう　ほじゅう　しじ　なん

登場人物
とうじょうじんぶつ

店員（ジャン）

店長（佐藤）
てんいん　　　　　　　　てんちょう　さとう

場面

ばめん

とても暑い日です。
あつ　ひ

ジャンさんと店長は、今日売れそうなものについて話しています。
てんちょう　きょう　う　　　　　　　　　　はな

会話 49

音声を聞いて、会話の内容を確認しましょう。

店員：今日はとても暑いですね。

店長：そうだね。こういう暑い日は冷たい飲み物がよく売れるから、
こまめに補充をお願いね。

店員：冷たい飲み物ですね。わかりました。
暑い日はやっぱり、冷たいものがよく売れるんですね。

店長：そうだね。

店員：じゃあ、今日はアイスもよく売れそうですね。

店長：そうそう。
今日はアイスの納品量が多いから、たいへんだよ。
納品の前に、他の作業をやっておいてね。

店員：はい、わかりました。

店長：あ、それからアイスコーヒー用の氷の補充も頼むね。

店員：はい、そちらもチェックしておきます。

店長：よろしくね。

話す練習 50

（解答はp.152）

まず音声を聞きましょう。次に（　　）の部分を1～3に変えて話しましょう。

店員：今日は（アイスもよく売れ）そうですね。

店長：そうそう。

（納品の前）に、（他の作業をやって）おいてね。

店員：はい、わかりました。 ポイント

1. おでんが売れます／休憩の前／おでんを補充します
2. 忙しくなります／朝、早いうち／床を掃除します
3. お客様がたくさん来ます／朝礼の後、すぐ／から揚げを揚げます

STEP 3

佐藤店長から

ポイント

その日の天気によって、店で売れる商品も変わります。

店長から指示を受けて理解したら、「はい、わかりました」と言いましょう。

今日はどんな商品が売れるか、自分でも考えて、店長に話してみましょう。

問題

（解答はp.152～153）

1 正しいものを①②③から選びましょう。

Q1.「氷の補充も頼むね」はどういう意味ですか。
こおり ほじゅう たの　　　　　　　　いみ

①氷の補充もしますか。　②氷の補充もしてください。　③氷の補充もしてみます。
こおり ほじゅう　　　　　　　こおり ほじゅう　　　　　　　こおり ほじゅう

Q2.「こまめに」を正しく使っている文はどれですか。

①在庫をこまめにチェックします。

②私のシフトはとてもこまめです。

③この店はこまめなお金が使えます。

Q3.「今日はアイスもよく売れそうですね」はどういう意味ですか。

①今日はアイスもよく売れると思います。

②今日はアイスもよく売れると店長が言っていました。
きょう　　　　　　　う　　てんちょう い

③今日はアイスもよく売れればいいと思います。

2 音声を聞いて、①②③からいちばんいい答えを選びましょう。 51
おんせい き　　　　　　　　　　　　　こた えら

Q1.（　　　）　Q2.（　　　）　Q3.（　　　）

3 下の □ の中の商品から、暑い日によく売れるものをすべて選んで、記号に○を書きましょう。
した　　　　　　なか しょうひん　　あつ ひ　　う　　　　　　　えら　　　きごう

a. コーヒー

b. 肉まん

c. スポーツドリンク

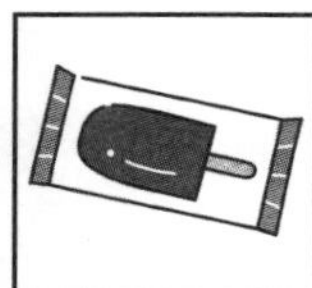

d. アイスクリーム

e. おでん

f. 温かいお茶

第18課 とてもいい提案ですね

目標　接客で気づいたことをもとに、店長に提案ができる。

ウォーミングアップ

お店に置いたらいいと思う商品を思いついたら、店長にどのように言いますか。

動画を見ましょう

（解答例はp.153）

動画を見て、考えましょう。

1. ジャンさんはお客様に、どんなことをよく聞かれますか。
2. 1の商品がないとき、お客様はどうしますか。
3. 店長はジャンさんの提案をいいと思いましたか。

登場人物

店員（ジャン）

店長（佐藤）

場面

最近、お客様によく聞かれる質問があります。

ジャンさんは、その質問と自分の意見を店長に伝えます。

会話 52

音声を聞いて、会話の内容を確認しましょう。

店員：あの、店長、今、ちょっとよろしいですか。
てんいん　　　　てんちょう　いま

店長：どうしたの？
てんちょう

店員：最近、よくお客様に「小さいサイズのマスクはないんですか。」と
てんいん　さいきん　　　おきゃくさま　ちい

聞かれるんです。

店長：あ、そうなんだ。
てんちょう

店員：それで、うちにはないことをお伝えすると、ほとんどのお客様が
てんいん　　　　　　　　　　　　　つた　　　　　　　　　　　きゃくさま

何も買わずに帰ってしまうんです。

店長：そうなんだ。気がつかなかった。

店員：ですから、小さいサイズのマスクも置いたらどうかと思ったんですが…。
てんいん　　　　ちい　　　　　　　　　　　お　　　　　　　おも

店長：なるほど。
てんちょう

女性のお客様も増えてきたから、ニーズがあるかもしれないね。

じょせい　きゃくさま　ふ

ゃあ、置いてみよう。とてもいい提案だね。ジャンさん、ありがとう。

話す練習 53

(解答はp.153)

まず音声を聞きましょう。次に( )の部分を1~3に変えて話しましょう。

店員:(小さいサイズのマスクも置いた)らどうかと思ったんですが…。 ポイント

店長:なるほど。

(女性のお客様も増えてきた)から、(ニーズがある)かもしれないね。

1. 野菜や果物を置きます/この辺はスーパーがありません/ニーズがあります
2. お客様が商品を詰める場所を作ります/マイバッグを持ってくるお客様も増えてきました/いいです
3. キャラクター商品をレジの近くに置きます/子ども連れのお客様も増えてきました/喜ばれます

STEP 3

佐藤店長から

ポイント

お店を改善するためのアイデアがあるとき、「~たらどうかと思ったんですが…」という表現を使って言いましょう。これは何か提案するときのやわらかい表現です。仕事をしているときに気づいたことがあれば、どうしたらいいかを考えて、店長に提案してみましょう。

問題

（解答はp.153）

1 正しいものを①②③から選びましょう。

Q1. 店長にていねいに提案したいとき、何と言いますか。

①小さいマスクを置いたら、きっと売れるんですよ。

②小さいマスクを置いたらどうかと思ったんですが…。

③小さいマスクを置いたら、売れるに決まっています。

Q2. 店長に提案したいとき、いちばんいいものはどれですか。

①今の状況を伝えてから、提案します。

②今の状況を伝えないで、提案だけします。

③今の状況を伝えて、店長が提案するのを待ちます。

Q3.「～をほしいと思っている人がいる」と意味が近いものはどれですか。

①セールがある。　②サイズがある。　③ニーズがある。

2 音声を聞いて、①②③からいちばんいい答えを選びましょう。 54

Q1.（　　）　Q2.（　　）　Q3.（　　）

3 下線部にカタカナを入れて、文を完成させましょう。下の［　　］の中からカタカナに合うイラストを選んで、（　　）にa～eを入れましょう。

①小さいサイズの＿＿＿はありませんか。（　　）

②店に来たら、＿＿＿＿＿＿＿に着替えてください。（　　）

③＿＿＿＿＿＿があるので、レジ袋はけっこうです。（　　）

④スープに＿＿＿＿をおつけしましょうか。（　　）

⑤帰る前に、あの＿＿＿＿で、来月のシフトを入力してください。（　　）

a　b　c　d　e

第19課 ご迷惑をおかけしてすみません

目標　店長にミスを報告し、謝罪することができる。
もくひょう　　てんちょう　　　　　ほうこく　　しゃざい

ウォーミングアップ

仕事でミスをしてしまったとき、どうしますか。
しごと

動画を見ましょう

（解答例はp.153）
> どうが　み　　　　　　　　　　　　　　かいとうれい

動画を見て、考えましょう。

1. ジャンさんはどんなミスをしてしまいましたか。
2. 店長は、どうして電話ですぐにお客様に謝ることができましたか。
> てんちょう　　　　　でんわ　　　　　きゃくさま　あやま
3. お客様が来たら、ジャンさんは何をしますか。
> きゃくさま　き　　　　　　　　　なに

登場人物
とうじょうじんぶつ

店員（ジャン）

店長（佐藤）
てんいん　　　　　　　　てんちょう　さとう

場面
ばめん

ジャンさんは、仕事でミスをしてしまいました。
しごと

すぐ店長に報告して、謝ります。
てんちょう　ほうこく　　あやま

115

音声を聞いて、会話の内容を確認しましょう。

店員：店長、どうしましょう。

店長：ジャンさん、どうしたの？

店員：実は、先ほどのお客様に、から揚げを入れ忘れてしまいました。
てんいん じつ さき きゃくさま あ い わす

本当に申し訳ありません。
ほんとう もう わけ

店長：そうか…。お客様はもう帰っちゃった？
てんちょう きゃくさま かえ

店員：はい…。
てんいん

店長：わかった。じゃあ、お客様から連絡が来るかもしれないね。
てんちょう きゃくさま れんらく く

ジャンさん、報告してくれてありがとう。
ほうこく

店員：ご迷惑をおかけして、すみません。
てんいん めいわく

店長：ジャンさん、さっきのお客様から、電話があったよ。
てんちょう きゃくさま でんわ

店員：え、本当ですか。怒ってましたか。
てんいん ほんとう おこ

店長：ううん、あまり怒ってなかった。
てんちょう おこ

ジャンさんの報告が早かったから、すぐ謝ることができたよ。
ほうこく はや あやま

店員：そうですか。ああ、よかった。

店長：後でいらっしゃるそうだから、
そのときはよくおわびして、返金対応をお願いね。
へんきんたいおう ねが

店員：はい、わかりました。二度と同じミスをしないように気をつけます。
てんいん にど おな き

店長：あまり気にしすぎないようにね。

話す練習 56

（解答はp.153～154）

まず音声を聞きましょう。次に（　　）の部分を1～3に変えて話しましょう。

1　店長：ジャンさん、どうしたの？

店員：実は、（先ほどのお客様に、から揚げを入れ忘れて）しまいました。
てんいん　じつ　さき　　　きゃくさま　　　あ　　い　わす

本当に申し訳ありません。 ポイント①
ほんとう　もう　わけ

1. 先ほどのお客様に、スプーンを入れ忘れます
> さき　　きゃくさま　　　　　い　わす
2. 先ほどのお客様に、おつりを間違えて渡します
> さき　　きゃくさま　　　　まちが　わた
3. 商品のお弁当を落とします
> しょうひん　べんとう　お

2　店長：これから気をつけてね。

店員：はい、わかりました。

（二度と同じミスをしない）ように気をつけます。 ポイント②

1. おつりを間違えません
2. 熱いものと冷たいものを一緒に入れません
> あつ　　　つめ　　　　いっしょ　い
3. 二度と遅刻しません

佐藤店長から

ポイント①

自分のミスに気づいたら、まず、すぐに店長に報告して、謝りましょう。
じぶん　き　　　　　　　　　　てんちょう　ほうこく　　あやま

言い訳をしないで、事実を伝えましょう。
い　わけ　　　　　じじつ　つた

ポイント②

だれでもミスをしてしまうことがあります。その後、同じミスを繰り
あと　おな　　　く

返さないように、日々注意することが大切です。
かえ　　　　　　ひびちゅうい　　　　　たいせつ

問題

（解答はp.154）

1 正しいものを①②③から選びましょう。

Q1. ミスをしたことに気づいたとき、どうすればいいですか。

①すぐに店長にミスしたことを伝えて謝る。
てんちょう　　　　　　　つた　あやま

②お客様から怒られてから、ミスしたことを伝えて謝る。
きゃくさま　おこ　　　　　　　　　　　　つた　あやま

③ミスはしかたがないことだから、何も言わない。

Q2. 謝るとき、いちばんていねいな言い方はどれですか。

①本当にごめんなさい。

②本当にすみません。

③本当に申し訳ありません。
ほんとう　もう　わけ

Q3.「仕事をするとき、これからずっと注意します」と伝えたいとき、何と言いますか。
しごと　　　　　　　　　　　　　　ちゅうい　　　　つた　　　　　　なん　い

①二度と同じミスをしないでしょう。

②二度と同じミスをしないように気をつけます。

③二度と同じミスをしないはずです。

2 音声を聞いて、①②③からいちばんいい答えを選びましょう。 57
おんせい　き　　　　　　　　　　　　　　こた　えら

Q1.（　　）　Q2.（　　）　Q3.（　　）

3「お」「ご」の正しいほうを選んで、○をつけましょう。

①（お／ご）迷惑を（お／ご）かけして、申し訳ありません。
めいわく　　　　　　　　　　もう　わけ

②（お／ご）客様がいらしたら、よく（お／ご）わびしてください。

③ありがとうございました。どうぞまた（お／ご）越しください。

④いつも（お／ご）利用、ありがとうございます。

⑤（お／ご）支払い方法を選んで、画面をタッチしてください。
しはら　ほうほう　えら　　　がめん

やってみよう　謝罪

1. コンビニでアルバイトをしています。

   どんなミスが考えられますか。

例）から揚げを入れ忘れる。宅配便の控えにはんこを押し忘れる。
れい　　あ　い　わす　　たくはいびん　ひか　　　　　　　　　お　わす

・ ______________________________

・ ______________________________

・ ______________________________

2. アルバイトでミスをしてしまいました。

   1の答えを使って、店長に報告して謝ってください。
こた　つか　てんちょう　ほうこく　あやま

   会話を考えてみましょう。
かいわ　かんが

例）
れい

実は、宅配便の控えに、はん
じつ　たくはいびん　ひか
こを押し忘れてしまいました。
お　わす
本当に申し訳ありません。

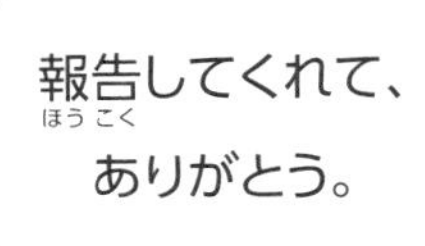

店員：実は、______________________ しまいました。
てんいん　じつ

本当に申し訳ありません。
ほんとう　もう　わけ

店長：報告してくれて、ありがとう。
てんちょう　ほうこく

119

COLUMN

「報・連・相」のチカラ

「ほうれんそう」という言葉を聞いたことがありますか。漢字で書くと「報・連・相」で、「報告」「連絡」「相談」のことです。これは、日本で仕事をするときに必要なキーワードで、コンビニで働くときにも重要なポイントです。

具体的にどんなことをするかというと、まず「報告」です。自分が任された仕事の状況や結果を報告します。まだ途中でも、その経過をしっかり伝えましょう。次に「連絡」です。店に関する情報や、自分の予定などを忘れずに連絡します。最後に「相談」です。困ったこと、迷っていること、わからないことは、話してみましょう。「これは相談しなくていいかな」と勝手に決めるのはやめましょう。周りの人に聞くことで、解決できることもきっとあると思います。

初めは、「ちょっと面倒だな」と思うかもしれません。でも、これは大切なコミュニケーションの1つです。「報告」「連絡」「相談」をすることで、ミスやトラブルを防げるはずです。これも、仕事をスムーズに進めるための「日本文化」といえるかもしれませんね。

COLUMN

働きながら四季を知る

日本には春・夏・秋・冬がありますが、それぞれどんな行事が頭に浮かびますか。

「ひな祭り」や「お花見」、「母の日」と「父の日」、ハロウィンや、ワインのボジョレ・ヌーヴォーなどですか。クリスマス、お正月、さらにバレンタインデーやホワイトデーなどですか。一年を通して楽しい行事が続きます。

では、こんな行事があるのを知っていますか。例えば、夏の「土用の丑の日」です。この日は、暑い夏に負けないように「うなぎ」を食べてスタミナをつけます。そして、2月初めの「節分」には、新しい年を迎えるために豆をまいて、「恵方巻」というのり巻きを食べて福を呼びます。これらの行事は、「初めて聞いた」という人もいるかもしれませんね。

実は、ここに書いた行事のための「食」や「プレゼント」は、全部コンビニで売っています。四季の変化を身近に感じながら、日本文化への知識を深めてください。

STEP 4

コンビニで成長しよう

仕事に慣れてきたジャンさんは、
発注業務や新人アルバイトの教育を担当します。
はっちゅうぎょうむ　しんじん　きょういく　たんとう

そして、いつかコンビニの店長になりたいと思うようになりました。

第20課 今日から発注をお願いします

目標　店の客層を把握し、商品の発注の考え方が理解できる。

ウォーミングアップ

1 あなたがよく行くコンビニには、どんなお客様がいますか。

2 そのコンビニでは、どんな商品が売れていると思いますか。

動画を見ましょう

（解答例はp.154）

動画を見て、考えましょう。

1. 購買データから、どんなお客様が多いとわかりますか。
2. どうして近くにファミリー層が多いことがわかりますか。
3. 発注をするときに大切なことは何ですか。

登場人物

店員（ジャン）

店長（佐藤）

場面

ジャンさんは商品の発注を担当することになりました。

店の客層について、店長と話します。

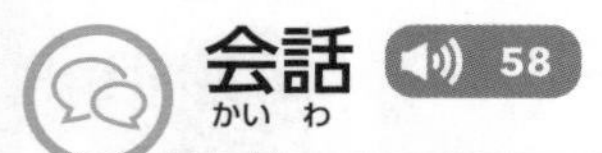

会話 58

音声を聞いて、会話の内容を確認しましょう。

店長：ジャンさん、今日から*発注をお願いします。
てんちょう きょう はっちゅう ねが

店員：はい、わかりました。
てんいん

店長：まず、この店にいらっしゃるお客様は、どんな人が多いか考えてみましょう。
てんちょう みせ きゃくさま ひと おお かんが

ジャンさん、どう思いますか。
おも

店員：40代、50代のお客様をよく見ます。
てんいん だい だい きゃくさま み

店長：なるほど。では、購買データを見てみましょう。
てんちょう こうばい み

店員：やはり、そういったお客様が多いですね。
てんいん きゃくさま おお

でも最近、30代ぐらいのお母さんと小さいお子さんもよく見ます。
さいきん だい はは ちい こ み

店長：たしかに、近くのマンションには、子ども用の自転車がたくさんあって、
てんちょう ちか こ よう じてんしゃ

ファミリー層も多いようですね。
そう おお

店員：40代、50代、そしてファミリー層に合った品ぞろえも必要ですね。
てんいん だい だい そう あ しな ひつよう

店長：そうですね。発注するときには、客層を把握することが大切です。
てんちょう はっちゅう きゃくそう はあく たいせつ

ジャンさんには、お客様に喜んでもらえるような発注をしてもらいた
きゃくさま よろこ はっちゅう

いと思います。
おも

店員：はい、がんばります。
てんいん

＊発注：商品の種類と数を決めて、注文します。
はっちゅう しょうひん しゅるい かず き ちゅうもん

その商品は、決められた日に店に届きます。
しょうひん き ひ みせ とど

商品の種類ごとに発注を分担することが多いです。
しょうひん しゅるい はっちゅう ぶんたん おお

話す練習 59

（解答はp.154）

まず音声を聞きましょう。次に（　　）の部分を1～3に変えて話しましょう。

1 店長：この店にいらっしゃるお客様は、どんな人が多いと思いますか。

店員：（40代、50代のお客様）が多いです。　ポイント①

1. 20代、30代のお客様　2. 近くの大学の学生さん　3. 会社員

STEP 4

2 店長：（近くのマンションには、子ども用の自転車がたくさんあって）、（ファミリー層）も多いようですね。　ポイント②

店員：そうですね。そういった人たちに合った品ぞろえが必要ですね。

1. 近くには大学があります／大学生
2. 近くの会社には営業用の車がたくさんあります／車で出かける人たち
3. 近くには大きい公園があります／子ども連れ

佐藤店長から

ポイント①

どんなお客様が多く来店しているか、普段からよく見ておきましょう。

購買データを把握することで売り上げを上げることができます。

ポイント②

店の近くにある建物や、住んでいる人たちについて知るのも発注のヒントになります。どんなお客様が多いかを調べ、品ぞろえを考えましょう。

問題

（解答はp.154～155）

1 正しいものを①②③から選びましょう。

Q1. コンビニで、商品の発注をするのはだれですか。
しょうひん　はっちゅう

①コンビニ本部　②店長やアルバイト　③お客様
ほんぶ　　　　　　　　てんちょう　　　　　　　　きゃくさま

Q2. どんなお客様が多く来店しているか知りたいです。何を見ますか。
きゃくさま　おお　らいてん　　　　　し　　　　　なに　み

①気象データ　②購買データ　③新商品データ
きしょう　　　　　　こうばい　　　　　　　　しんしょうひん

Q3. 発注をするとき、正しいものはどれですか。
はっちゅう　　　　　　ただ

①自分が好きなものをたくさん発注する。
じぶん　す　　　　　　　　　　はっちゅう

②自分がよく知っているお客様だけに合わせて発注をする。
じぶん　し　　　　　きゃくさま　あ　　　　　はっちゅう

③お客様に買ってもらえるような商品を発注する。
きゃくさま　か　　　　　　　　　しょうひん　はっちゅう

2 音声を聞いて、①②③からいちばんいい答えを選びましょう。 60
おんせい　き　　　　　　　　　　　　こた　えら

Q1.（　　）　Q2.（　　）　Q3.（　　）

3 [　　] の中から適当な言葉を選んで、（　　）にa～eを入れましょう。
なか　てきとう　ことば　えら　　　　　　　　　　い

記号は一度しか使えません。
きごう　いちど　つか

①（1　　）をするときは、どんなお客様が多いか（2　　）をすることが必要だ。
きゃくさま　おお　　　　　　　　　　ひつよう

②この店のお客様は、（　　）が多いので、子どもも喜ぶ商品を置くようにしている。
みせ　きゃくさま　　　　　　　　おお　　　　こ　　　よろこ　しょうひん　お

③売り上げアップのためには、（1　　）に合った（2　　）が大切だ。

a. 客層	b. 発注	c. 把握	d. 品ぞろえ	e. ファミリー層

第21課 あしたのおすすめは何にしますか

目標　売れる商品を予測し、発注することができる。

ウォーミングアップ

1 あしたはとても寒いです。どんな商品を多く発注すればいいと思いますか。

2 次の日曜日、近くでお祭りがあります。どんな商品が売れると思いますか。

動画を見ましょう

（解答例はp.155）

動画を見て、考えましょう。

1. あした、近くの小学校で何がありますか。
2. あしたの一番のおすすめの商品は何ですか。
3. 発注を考えるとき、大切な情報は何ですか。

登場人物

店員（ジャン）

店長（佐藤）

場面

ジャンさんは、店長に発注のしかたを教えてもらいます。

店長と話しながら、何が売れるかを考えます。

会話 61

音声を聞いて、会話の内容を確認しましょう。

店長：では、発注をしてみましょう。
てんちょう はっちゅう

まず、あしたの天気を調べてください。
てんき　しら

店員：えーっと…あしたは晴れです。気温も湿度も高いようです。
てんいん 　　　　　　　は　　　　きおん　しつど　たか

店長：じゃあ、どんなものが売れそうですか。

店員：さっぱりしたものが売れそうです。

店長：なるほど。ちなみに、あしたは近くの小学校で運動会があるそうですよ。
てんちょう 　　　　　　　　　ちか　しょうがっこう　うんどうかい

店員：そうですか。

店長：あしたのおすすめは、何にしますか。

店員：暑くて、運動会なので…、さっぱりした梅のおにぎりはどうでしょうか。
てんいん あつ　うんどうかい 　　　　　　　　うめ

店長：いいですね。何個発注しますか。
てんちょう 　　　なんこ　はっちゅう

店員：えーっと、いつもは20個ですが、40個発注しましょうか。
てんいん 　　　　　　　　こ　　　こ　はっちゅう

店長：そうですね。他にも多めに発注するものがありますか。
てんちょう 　　　ほか　おお　はっちゅう

店員：やっぱり、冷たいお茶でしょうか。
てんいん 　　　つめ　ちゃ

いつもは30本ですが、50本にするのはどうでしょうか。

店長：いいと思いますよ。

発注には、天気やイベントの情報が
はっちゅう　てんき　　　　　じょうほう

とても大切です。

こうやって、いつ、何が、

何個売れるか考えることを「仮説」と言います。
なんこう　　　かんが　　　　　かせつ　い

店員：わかりました。
てんいん

発注するときは、よく考えて仮説を立てるようにします。
はっちゅう 　　　　かんが　かせつ　た

128

話す練習

（解答はp.155）

まず音声を聞きましょう。次に（　　）の部分を1～3に変えて話しましょう。

1
店員：あしたは晴れです。気温も湿度も高いようです。 ポイント①
店長：じゃあ、どんなものが売れそうですか。
店員：（さっぱりしたもの）が売れそうです。

1. アイスクリーム　2. 冷たい飲み物　3. 冷たい麺類

2
店長：来週のおすすめは、何にしますか。
店員：（近くで運動会がある）ので…、（さっぱりした梅のおにぎり）はどうでしょうか。 ポイント②

1. 夏祭りがあります／ビールや炭酸飲料
2. もうすぐクリスマスです／フライドチキン
3. バレンタインデーが近いです／チョコレート

STEP 4

佐藤店長から

ポイント①

商品を発注するときは、天気予報を見て、気温や湿度を確認します。それらの情報をもとに、売れそうな商品を予想しましょう。

ポイント②

天気や気温だけでなく、イベント情報などからも、お客様がどんな商品をほしいか考えます。これを「仮説」といいます。そして、たくさん売れそうな商品は、いつもより多く発注します。後日、発注した商品がどのぐらい売れたか確かめます。これを「検証」といいます。

仮説と検証を繰り返し、売れる商品の傾向を把握できれば、店の売り上げに貢献できます。

問題

(解答はp.155)

1 正しいものを①②③から選びましょう。

Q1. 天気予報によると、あしたはとても寒いそうです。おすすめの商品は何にしますか。

①おにぎり　②おでん　③ケーキ

Q2. 商品の発注をするとき、何をもとに種類や数を決めますか。

①天気やイベント情報　②店長の好きなもの　③自分の体調

Q3. 発注において、「仮説を立てる」とはどういう意味ですか。

①いつ、何が、何個売れるかを考えること

②いつ、だれがお客様に売るかを考えること

③いつ、どうやってお客様に説明するかを考えること

2 音声を聞いて、①②③からいちばんいい答えを選びましょう。 63

Q1. (　　)　Q2. (　　)　Q3. (　　)

3 ［　　］の中から適当な言葉を選んで、(　　)にa~eを入れましょう。記号は一度しか使えません。

発注するときは、天気やイベント情報から、(①　　)を立てる。そして、その(①)が正しかったか、(②　　)を行う。それを繰り返して、売れる商品の(③　　)がつかめれば、(④　　)に(⑤　　)ができるのだ。

a. 売り上げ	b. 検証	c. 貢献	d. 仮説	e. 傾向

第22課 掃除のしかたを教えます

動画・音声・翻訳

目標 新人アルバイトに仕事を教えることができる。

ウォーミングアップ

新人アルバイトが入ってきたら、どんな仕事を教えると思いますか。

動画を見ましょう

（解答例はp.156）

動画を見て、考えましょう。

1. ジャンさんは、店長に何をお願いされましたか。
2. ジャンさんは、新人アルバイトに何を教えましたか。
3. ジャンさんは、掃除の後、新人アルバイトに何をするように言いましたか。

登場人物

店員（ジャン）

店長（佐藤）

新人（セン）

場面

ジャンさんは、店長に新人アルバイトの教育を頼まれました。

掃除のしかたを教えます。

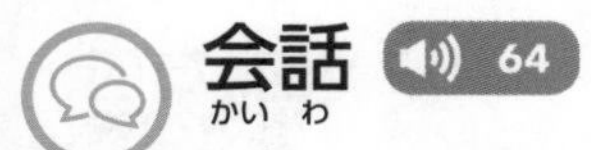

会話　64

音声を聞いて、会話の内容を確認しましょう。

店長：ジャンさん、こちらは新しいアルバイトのセンさんです。
てんちょう 　　　　　　　　　　　あたら

新人：センです。よろしくお願いします。

店員：ジャンです。よろしくお願いします。

店長：ジャンさん、センさんにいろいろ仕事を教えてあげてね。
てんちょう 　　　　　　　　　　　　　　しごと　おし

店員：はい、わかりました。
てんいん

店員：センさん、今から床の掃除のしかたを教えます。
てんいん 　　　　　いま　ゆか　そうじ 　　　　　おし

新人：はい、よろしくお願いします。
しんじん 　　　　　　　　　　ねが

店員：店がきれいだと、お客様が気持ちよく買い物できます。
てんいん　みせ 　　　　　　　きゃくさま　きも 　　　か　もの

新人：はい、そうですね。

店員：まず、これを用意します。これはクロスです。
クロスで床の土やほこりをとります。センさん、やってみてください。

新人：これでいいですか。

店員：いいですね。上手にできています。その調子で続けましょう。
てんいん 　　　　　じょうず 　　　　　　　　ちょうし　つづ

新人：全部終わりました。
しんじん　ぜんぶ お

店員：お疲れさまでした。じゃあ、このシートは捨ててください。
てんいん　つか 　　　　　　　　　　　　　　　す

新人：はい。
しんじん

店員：そうしたら、道具は元の場所に戻しましょう。
てんいん 　　　　　どうぐ　もと　ばしょ　もど

掃除は、片付けまでやって終わりです。

新人：はい、わかりました。

話す練習 65

（解答はp.156）

まず音声を聞きましょう。次に（　　）の部分を1～3に変えて話しましょう。

STEP 4

【床の掃除をする】

店員：センさん、やってみてください。

新人：はい。これでいいですか。

店員：（上手にできています）ね。（その調子で続けて）ください。
てんいん　じょうず　　　　　　　　　　　　ちょうし　つづ

新人：全部できました。
しんじん　ぜんぶ

店員：お疲れさまでした。じゃあ、（道具は元の場所に戻し）ましょう。
てんいん　つか　　　　　　　　　　　　どうぐ　もと　ばしょ　もど

STEP
4

ポイント

1. 【から揚げを揚げる】
あ　　あ

   いいです／その調子で、ポテトも揚げます／揚げ物を売り場に並べます
ちょうし　　　　　　あ　　　　あ　もの　う　ば　なら

2. 【品出しをする】
しなだ

   早いです／でも、ラベルを前にして、商品名がわかるようにします／
はや　　　　　　　　　　まえ　　　　しょうひんめい

オリコンをたたんで、まとめておきます

3. 【検品をする】
けんぴん

   はい、そうです／検品は大切な仕事ですから、ていねいにやります／
けんぴん　たいせつ　しごと

商品を棚に並べます
しょうひん　たな　なら

佐藤店長から

ポイント

新人アルバイトに仕事を教えるときは、仕事の説明をした後、実際
しんじん　　　　　しごと　おし　　　　　　しごと　せつめい　　　あと　じっさい

にやってもらいましょう。仕事の目的や、理由も言うといいですね。
しごと　もくてき　　りゆう　い

様子を見ながら、できていたらほめて、できていないところがあればアドバイスをしましょう。

終わったら「お疲れさまでした」と声をかけて、次の行動の指示もしましょう。
お　　　　　　つか　　　　　　　　こえ　　　　　つぎ　こうどう　しじ

問題

（解答はp.156）

1 正しいものを①②③から選びましょう。

Q1.店内の床掃除のとき、何を使いますか。
てんない　ゆかそうじ　　　なに　つか

①ラベル　②クロス　③ガラス

Q2.新人アルバイトに、仕事のやり方が正しいかどうか聞かれました。
しんじん　　　　　　しごと　　　かた　ただ　　　　　　　　き

うまくできていたら、何と言いますか。

①その調子で続けましょう。

②仕事の調子はどうですか。

③調子が悪いときは言ってください。

Q3.新人アルバイトの仕事が終わったら、何と言いますか。
しんじん　　　　　　しごと　お　　　　　なん　い

①よろしくお願いします。

②お疲れさまでした。

③失礼します。

2 音声を聞いて、①②③からいちばんいい答えを選びましょう。 66
おんせい　き　　　　　　　　　　　こた　えら

Q1.（　　）　Q2.（　　）　Q3.（　　）

3 あなたは、新人アルバイトに床の掃除のしかたを教えます。
しんじん　　　　　　ゆか　そうじ　　　　　おし

次の教え方がよければ○、よくなければ×を（　　）に入れましょう。

①（　　）掃除の準備のところから、ていねいに説明する。
そうじ　じゅんび　　　　　　　　　　せつめい

②（　　）忙しいので新人アルバイトに説明せず、一人で掃除してもらう。
いそが　　　しんじん　　　　　せつめい　　ひとり　そうじ

③（　　）自分がやったほうが早いので、自分がやって新人アルバイトに見ていてもらう。
じぶん　　　　　　はや　　　じぶん　　　しんじん　　　み

④（　　）床を掃除する理由も説明する。
ゆか　そうじ　　りゆう　せつめい

第23課 店長になりたいです

目標　店長と仕事の目標について話すことができる。

ウォーミングアップ

あなたが店長になったら、どんな店にしたいですか。

動画を見ましょう

（解答例はp.156）

動画を見て、考えましょう。

1. ジャンさんは、この店で何年働いていますか。
2. 店長は、どうして新しい店長を探していますか。
3. ジャンさんは、店長として認めてもらえるように、どんなことをしようと思っていますか。

登場人物

店員（ジャン）

店長（佐藤）

場面

ジャンさんはコンビニの仕事にもすっかり慣れて、ほとんどの仕事ができるようになりました。店長と仕事の目標について話します。

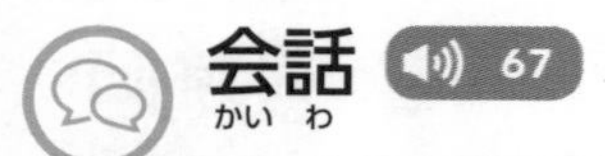

会話

音声を聞いて、会話の内容を確認しましょう。

店長：ジャンさん、働き始めて３年になりますが、最近どうですか。
てんちょう　　　　　はたら　はじ　　　ねん　　　　　　　　　　さいきん

店員：はい、おかげさまで楽しく仕事させていただいています。
てんいん　　　　　　　　　　たの　　しごと

店長：後輩の教育も、ありがとうございます。
てんちょう　こうはい　きょういく

店員：はい、私自身も勉強になります。
てんいん　　　　わたしじしん　べんきょう

発注業務も、やればやるほど、おもしろくなりました。
はっちゅうぎょうむ

店長：それはよかったです。
てんちょう

店員：もっと経験を積んで、いつかは店長になりたいです。
てんいん　　　　けいけん　つ　　　　　　　てんちょう

店長：あ、そうですか。ジャンさんなら、なれますよ。

店長：ジャンさん、実はもうすぐ２号店をオープンするので、新しい店長を
てんちょう　　　　じつ　　　　　　ごうてん　　　　　　　　　あたら　　てんちょう

探しているんです。
さが

私はジャンさんを推薦しようと思っているんですが、挑戦してみますか。
わたし　　　　　すいせん　　　　おも　　　　　　　　　　ちょうせん

店員：本当ですか。ありがとうございます。やってみたいです。
てんいん　ほんとう

店長：じゃあ、オーナーに言っておきますね。
てんちょう　　　　　　　　い

店員：よろしくお願いします。もっとお客様のニーズを調査したり、店全体
てんいん　　　　　ねが　　　　　　　　きゃくさま　　　　　ちょうさ　　　みせぜんたい

の業務の改善を進めたり、店長として認めてもらえるようにがんばり
ぎょうむ　かいぜん　すす　　　てんちょう　　　みと

ます。

店長：はい、応援していますよ。
てんちょう　　　おうえん

店員：ありがとうございます。

(解答はp.156～157)

まず音声を聞きましょう。次に（　　）の部分を1～3に変えて話しましょう。

1 店長：最近どうですか。仕事にも慣れてきましたね。

店員：はい、おかげさまで（楽しく仕事させていただいています）。 ポイント①

1. いろいろな仕事ができるようになりました
2. 前より店全体のことがわかるようになりました
3. やりがいを持って働かせていただいています

STEP 4

2 店長：実は、もうすぐ2号店をオープンするので、新しい店長を探しているんです。挑戦してみますか。 ポイント②

店員：ありがとうございます。やってみたいです。

もっと（お客様のニーズを調査し）たり、（店全体の業務の改善を進め）たり、店長として認めてもらえるようにがんばります。

1. 品ぞろえの提案をします／売り上げに貢献します
2. 発注の工夫をします／お客様のニーズにこたえます
3. 商品知識を増やします／楽しく仕事ができる環境をつくります

佐藤店長から

ポイント①

「おかげさまで」は、感謝を表す言葉です。この場面では、店長の指導や職場環境に感謝する気持ちを表しています。

ポイント②

新しい店長を決めるのは、店のオーナーです。ジャンさんはオーナーに店長として認めてもらいたいと言っています。店によっては、アルバイトから一般社員、副店長を経て店長になる場合もあります。

問題

（解答は p.157）

1 正しいものを①②③から選びましょう。

Q1. 新しいコンビニの店長を決めるのはだれですか。
あたら　　　　　　てんちょう　き

①オーナー　　　②お客様　　　③アルバイト

Q2.「おかげさまで」を正しく使っている文はどれですか。
　　　　　　　　　　ただ　つか　　　　ぶん

①おかげさまで、欠品にならないようにします。

②おかげさまで、仕事が楽しいです。
　　　　　　　　しごと　たの

③おかげさまで、急におなかが痛くなりました。
　　　　　　　　きゅう　　　　　　いた

Q3. あなたはコンビニの店長になりたいです。

新しいコンビニの店長に推薦されました。何と言いますか。
あたら　　　　　　　てんちょう　すいせん　　　　　　なん　い

①ありがとうございます。応援しています。
　　　　　　　　　　　　おうえん

②ありがとうございます。勉強になります。
　　　　　　　　　　　　べんきょう

③ありがとうございます。よろしくお願いします。
　　　　　　　　　　　　　　　　ねが

2 音声を聞いて、①②③からいちばんいい答えを選びましょう。 🔊 69

Q1. (　　　)　　Q2. (　　　)　　Q3. (　　　)

3 ☐☐☐の中から適当な言葉を選んで、(　　　)にa~eを入れましょう。

記号は一度しか使えません。

①(1　　　) アルバイトの (2　　　) を任された。
　　　　　　　　　　　　　　　　　　　まか

②(　　　) を積んで、いつか店長になりたい。
　　　　　　つ　　　　　　てんちょう

③たいへんな仕事もあるが、とても (　　　) になる。
　　　　　　しごと

④後輩アルバイトのセンさんはいつも一生懸命なので、(　　　) している。
こうはい　　　　　　　　　　　　　　　いっしょうけんめい

| a. 経験 | b. 教育 | c. 応援 | d. 勉強 | e. 新人 |
| けいけん | きょういく | おうえん | べんきょう | しんじん |

やってみよう　店長になろう

あなたはコンビニの店長です。

店の周りにはあなたと同じ国や地域から来た人が多く住んでいます。

その人たちの来店が多くなり、売り上げが上がる工夫を考えてください。

	記入欄	例1）	例2）
国・地域		日本	日本
いつ売りますか		いつでも	1月末
どんな商品を売りますか		しょうゆ	豆と鬼のお面
どうしてその商品を売りますか		日本の料理によく使うから。	2月3日の節分の日に豆をまいて、鬼を家から追い出すときに使うから。
たくさん売るにはどうすればいいですか		大きいサイズは高いので、小さいサイズがいいです。	店の入り口の近くにおいて、目立つようにします。

COLUMN

コンビニで働くということ

　質問です。コンビニは、どんなお客様に多く利用されているでしょうか。学生、社会人、家族連れ、お年寄り…もちろん、さまざまなお客様が来店します。そして、先ほどの質問の答えは、「その店がどんな場所にあるかによって、それぞれ違う」です。

　例えば、駅前にある店なら、通勤や通学の途中で、急いでいる方が多く見られます。また、住宅地にある店の場合は、家族連れやシニア世代のお客様が多く、たくさん商品を買ってくれる人が多いようです。ここで重要なのは、求められる商品も店によって違うということです。お客様の様子や、店のデータをもとに、「どのような商品を、どれだけそろえるか」を考えて、それぞれの店で発注をするのです。

　実は、この仕事、アルバイトが担当することがあります。重要な仕事なので、プレッシャーを感じるかもしれません。でも、マーチャンダイジング（商品計画）に関わることで、「やりがい」を感じて、その知識を将来に役立てることができます。コンビニで働くこと、そこには大きなチャンスと将来への可能性があるのです。

解答

第1課

動画を見ましょう 例 1. いいえ、もらいませんでした。　2. 電子マネーでお金を払いました。
3. 残高や商品の値段などが書いてあります。

話す練習 1 1. いいえ、かばんに入れるので、けっこうです。　2. いいえ、手で持っていくので、けっこうです。　3. いいえ、ポケットに入れるので、けっこうです。

2 1. 現金でお願いします。　3. クレジットカードでお願いします。　3. このカードのポイントでお願いします。
げんきん　ねが　　　　　　　　　　　　　　　　　ねが

問題 1 Q1. ②　Q2. ③　Q3. ①

2 Q1. ①　Q2. ③　Q3. ①

Q1. レジ袋は有料ですが、ご利用になりますか。
ふくろ ゆうりょう　　　　り よう

①いいえ、けっこうです。　②いいえ、有料です。　③いいえ、ご利用になりません。
ゆうりょう　　　　　　　　り よう

Q2. お支払い方法はいかがなさいますか。

①電子マネーをください。　②これは電子マネーです。　③電子マネーでお願いします。
てんし　　　　　　　　　　　　てんし　　　　　　　　　でんし　　　　　ねが

Q3. 残高はレシートでご確認ください。
ざんだか　　　　　　　かくにん

①はい、わかりました。　②いいえ、けっこうです。　③はい、お願いします。

3 ①e　②b　③f　④a　⑤d　⑥c

第2課

動画を見ましょう 例 1. 店員が温めます。　2. 3円です。　3. 2枚買いました。

話す練習 1 1. お弁当を温めましょうか。　2. 袋をお分けしましょうか。　3. 袋にお入れしましょうか。
はな れんしゅう　　　べんとう あたた　　　　　　　ふくろ　わ　　　　　　　　ふくろ　い

2 1. お弁当とアイスクリームは、袋をお分けしましょうか。　2. うどんと牛乳は、袋をお分けしましょうか。　3. パスタとヨーグルトは、袋をお分けしましょうか。
べんとう　　　　　　　　　　ふくろ　わ　　　　　　　　　　　ぎゅうにゅう　ふくろ　わ

問題 1 Q1. ③　Q2. ①　Q3. ②

2 Q1. ③　Q2. ①　Q3. ②

Q1. こちらのお弁当、温めましょうか。

①はい、温めましょう。　②はい、温めます。　③はい、お願いします。

Q2. 温かいものと冷たいものは、袋をお分けしましょうか。

①そうですね。じゃあ、分けてください。　②そうですね。じゃあ、お分けください。　③そうですね。じゃあ、お持ちください。

Q3. 袋は1枚いくらですか。

①有料です。　②3円です。　③2枚になります。

3　a　c　e

第3課

動画を見ましょう　例1. はい、あります。　2. 何曜日でもいいです。平日の夕方がいいです。　3. コンビニの仕事は日本語の練習になると聞いたからです。以前この店で買い物したとき、店員さんにとても親切にしてもらったからです。

話す練習　**1**　1. 1つ目は、人と話すことが好きだからです。2つ目は、先輩も働いているからです。　2. 1つ目は、家からも学校からも近いからです。2つ目は、働く時間帯が選べるからです。　3. 1つ目は、日本の接客方法を学びたいからです。2つ目は、この店の商品が好きだからです。

2　1. 火曜日と木曜日を希望します。　2. 平日の午後ならいつでもいいです。　3. できれば週末でお願いします。

問題　**1**　Q1. ①　Q2. ③　Q3. ③

2　Q1. ②　Q2. ③　Q3. ①

Q1. 志望動機を教えてください。

①はい、志望動機は平日の夕方です。　②はい、志望動機は3つあります。　③はい、志望動機は経験があります。

Q2. 勤務希望曜日がありますか。

①午後を希望します。　②週3日です。　③何曜日でもかまいません。

Q3. アルバイトの経験がありますか。

①はい、スーパーで働いたことがあります。　②はい、スーパーの仕事をしてみたいです。

③はい、スーパーへよく行きます。

3 ①b ②c ③a ④d

第4課

動画を見ましょう 例1. 今日から働きます。 2. ユニフォームに着替えます。 3. 出退勤の登録をします。

話す練習 1 1. 仕事を休みたい場合は、早めに連絡してください。 2. 体調が悪い場合は、仕事に来ないでください。 3. わからないことがある場合は、いつでも聞いてください。

2 1. 遅刻は他の人が困るので、しないようにしてください。 2. ヒールの高い靴は歩きにくいので、はいてこないようにしてください。 3. 長い髪はじゃまになるので、ゴムで1つにまとめるようにしてください。

問題 1 Q1. ② Q2. ③ Q3. ①

2 Q1. ① Q2. ③ Q3. ②

Q1. 店で買い物する場合は、ユニフォームを脱いでください。

①はい、わかりました。 ②はい、いいですよ。 ③はい、よろしくお願いします。

Q2. 大きい荷物はじゃまになるので、持ってこないようにしてください。

①はい、失礼します。 ②はい、すぐやります。 ③はい、わかりました。

Q3. 今日はよくがんばったね。お疲れさま。気をつけて帰ってね。

①お疲れさまです。お先にさようなら。 ②お疲れさまです。お先に失礼します。 ③お疲れさまです。お先に行ってきます。

3 ①b ②d ③a ④c

第5課

動画を見ましょう 例1. お箸を1膳とスプーンを1本もらいました。 2. 1,000円です。 3. 970円になります。

話す練習 1 1. フォークは、おつけしましょうか。/フォークを3本と、あとスプーンももらえますか。 2. ストローは、おつけしましょうか。/ストローを1本と、あとフォークももらえますか。

3. おてふきは、おつけしましょうか。/おてふきを1(ひと)つと、あとスプーンももらえますか。

2 1. カードのポイントがあるんですけど、これ使(つか)えますか。/20円(えん)引(び)きで、お会計(かいけい)変(か)わりまして980円(えん)です。 2. アプリのポイントがあるんですけど、これ使(つか)えますか。/138円(えん)引(び)きで、お会計(かいけい)変(か)わりまして862円(えん)です。 3. 割引券(わりびきけん)があるんですけど、これ使(つか)えますか。/10%引(び)きで、お会計(かいけい)変(か)わりまして900円(えん)です。

問題(もんだい) 1 Q1. ③ Q2. ③ Q3. ①

2 Q1. ① Q2. ③ Q3. ②

Q1. こちらの商品(しょうひん)は、温(あたた)めましょうか。

①いいえ、けっこうです。 ②いいえ、どうも。 ③いいえ、どうぞ。

Q2. お箸(はし)を1膳(ぜん)と、あとスプーンも1本(ぽん)もらえますか。

①はい、お願(ねが)いします。 ②はい、けっこうです。 ③はい、かしこまりました。

Q3. クーポンがあるんですけど、これ使(つか)えますか。

①はい、お使(つか)いになります。 ②はい、お使(つか)いいただけます。 ③はい、お使(つか)いのものです。

3 ①b ②c ③d ④a ⑤e

第6課(だいか)

動画(どうが)を見(み)ましょう 例1. トイレへ案内(あんない)しました。 2. いいえ、買(か)いません。 3. 84円(えん)の切手(きって)です。

話(はな)す練習(れんしゅう) 1 1. あの、傘(かさ)はありますか。/傘(かさ)ですね。 2. あの、スマホの充電器(じゅうでんき)はありますか。/スマホの充電器(じゅうでんき)ですね。 3. あの、ばんそうこうはありますか。/ばんそうこうですね。

2 1. 申(もう)し訳(わけ)ございませんが、はがきはクレジットカードでお支払(しはら)いができません。 2. 申(もう)し訳(わけ)ございませんが、電気代(でんきだい)はクレジットカードでお支払(しはら)いができません。 3. 申(もう)し訳(わけ)ございませんが、このゴミ袋(ぶくろ)はクレジットカードでお支払(しはら)いができません。

問題(もんだい) 1 Q1. ③ Q2. ① Q3. ①

2 Q1. ② Q2. ③ Q3. ①

Q1. すみません。トイレを借(か)りたいんですけど…。

①あちらです。お貸(か)しします。 ②あちらです。ご利用(りよう)ください。 ③あちらです。お使(つか)いにな

ります。

Q2. すみません。鉛筆はありますか。

①はい、鉛筆ですね。お預かりします。　②はい、鉛筆ですね。申し訳ございません。

③はい、鉛筆ですね。こちらでよろしいでしょうか。

Q3. お客様、切手はクレジットカードでお支払いができません。

①そうなんですね。じゃあ、現金で。　②そうなんですね。じゃあ、クレジットカードで。

③そうなんですね。じゃあ、レシートで。

3　クレジットカードが使える：c　d　f　g　i

クレジットカードが使えない：a　b　e　h　j

第7課

動画を見ましょう　例 1. いいえ、知りませんでした。　2. たばこの番号です。　3. ニコニコライトです。

話す練習　1. コピー機を使いたいんですが。/コピー機ですか…。　2. 証明写真のプリントをしたいんですが。／証明写真のプリントですか…。　3. 試験の受験料を払いたいんですが。/試験の受験料ですか…。

問題　1　Q1. ②　Q2. ③　Q3. ③

2　Q1. ③　Q2. ①　Q3. ③

Q1. あの、すみません。

①はい、何がでしょうか。　②はい、何をでしょうか。　③はい、何でしょうか。

Q2. ニコニコライトを１つ。

①おたばこでしょうか。恐れ入りますが、番号をお願いします。　②おたばこでしょうか。恐れ入りますが、名前をお願いします。　③おたばこでしょうか。恐れ入りますが、協力をお願いします。

Q3. すみません。コピー機を使いたいんですが。

①申し訳ございません。すぐにわかる者を呼んでいらっしゃいます。　②申し訳ございません。すぐにわかる者を呼んでいただけますか。　③申し訳ございません。すぐにわかる者を呼んで

まいります。

3 ①c ②a ③b ④d

第8課

動画を見ましょう 例1. 新商品の試食をしていました。 2. パンの種類がたくさんあったからです。 3. コロッケパンをすすめました。

話す練習 1 1. 新しくなったから揚げです。 2. 新しくなった肉まんです。 3. 新しくなったフライドチキンです。

2 1. ああ、スイーツの種類がたくさんあって、迷っちゃって。/こちらのチーズケーキがおすすめです。 2. ああ、サンドイッチの種類がたくさんあって、迷っちゃって。/こちらのエビとたまごのサンドイッチがおすすめです。 3. ああ、缶コーヒーの種類がたくさんあって、迷っちゃって。/こちらの新商品のコーヒーがおすすめです。

問題 1 Q1. ② Q2. ③ Q3. ①

2 Q1. ① Q2. ② Q3. ①

Q1. 新しくなったやきそばパンです。ご試食いかがですか。

①へえ、そうなんだ。うん、おいしい。 ②へえ、そうかもね。うん、おいしい。 ③へえ、そうみたい。うん、おいしい。

Q2. このパンは朝食にもおやつにもおすすめですよ。

①じゃあ、2つ買わなくてもいいかな。 ②じゃあ、2つ買っていこうかな。 ③じゃあ、2つ買ってこようかな。

Q3. メロンパンですか…甘いのは苦手で…。

①それでしたら、こちらはいかがですか。 ②それはよくないですね。 ③それはもっと甘いです。

3 ①e ②b ③d ④1a 2c

第9課

動画を見ましょう 例1. 牛肉コロッケです。 2. 商品の値段を聞きました。 3. 198円です。

話す練習 1. 新商品のカップラーメンがないんですが、売り切れですか。/すぐ在庫を見てきますので、少々お待ちくださいませ。　2. 箱がつぶれているんですが、これしかありませんか。/すぐ探してきますので、少々お待ちくださいませ。　3. コーヒーマシーンが動かないんですが、故障ですか。/すぐ確認しますので、少々お待ちくださいませ。

問題 **1** Q1. ①　Q2. ①　Q3. ②

2 Q1. ③　Q2. ②　Q3. ③

Q1. これ、値段が書いてないんですが…。

①今回はけっこうです。　②失礼します。　③たいへん申し訳ございません。

Q2. じゃあ、これください。

①はい、いかがでしょうか。　②はい、ありがとうございます。　③はい、お疲れさまでした。

Q3. ただいま牛肉コロッケが揚げたてです。ご一緒にいかがですか。

①ああ、おすすめです。　②ああ、いかがですか。　③ああ、けっこうです。

3 ①1 a　2 c　②d　③1 b　2 e

第10課

動画を見ましょう 例1. 50円安くなります。　2. ツナのおにぎりです。　3. たいへんお待たせしました。

話す練習　1. あの、車の雑誌がほしいんですけど。/車の雑誌ですね。/ただいま、車の雑誌は在庫がございません。　2. あの、トイレットペーパーがほしいんですけど。/トイレットペーパーですね。/ただいま、トイレットペーパーは在庫がございません。　3. あの、カレー味のカップラーメンがほしいんですけど。/カレー味のカップラーメンですね。/ただいま、カレー味のカップラーメンは在庫がございません。

問題 **1** Q1. ②　Q2. ③　Q3. ②

2 Q1. ①　Q2. ②　Q3. ①

Q1. すみません、50円引きは麺類だけですか。

①申し訳ございません。麺類だけです。　②こちらでございます。50円引きじゃありません。

③ありがとうございます。麺類も50円引きです。

Q2. ツナのおにぎりがほしいんですけど。

①それはいいですね。　②ツナのおにぎりですね。　③ほしいんですね。

Q3. 申し訳ございません。ただいま在庫がございません。

①そうですか。わかりました。　②そのようにいたします。　③そうじゃありませんか。

3 ①e ②a ③d ④b ⑤c

第11課

動画を見ましょう 例1. 宅配便をお願いしました。　2. なるべく早く届けてほしいです。

3. あさっての午前中です。

話す練習 1. なるべく早く届けてほしいんですが。/こちらなら、あさっての午後が最短になりますね。　2. なるべく早くしてほしいんですが。/こちらなら、明日の午後1時ごろになりますね。

3. なるべく急いでほしいんですが。/こちらなら、二日間かかりますね。

問題 1 Q1. ① Q2. ③ Q3. ②

2 Q1. ③ Q2. ③ Q3. ①

Q1. 宅配便をお願いしたいんだけど。

①宅配便ですね。はい、お願いします。　②宅配便ですね。はい、ご希望ですね。　③宅配便ですね。はい、かしこまりました。

Q2. なるべく早く届けてほしいんですが。

①こちらなら、昨日が最短になります。　②こちらなら、あさってが最短になりますか。

③こちらなら、明日が最短になります。

Q3. では、お荷物をお預かりします。

①お願いします。　②お願いしましょう。　③お願いできませんか。

3 ①b ②a ③d ④e ⑤c

第12課

動画を見ましょう 例1. 東京駅にいます。　2. アルバイトに遅刻しそうだからです。　3. 10分ぐらい遅れそうです。

話す練習 1 1. ラッキーショップの山田でございます。/もしもし、アルバイトの○○です。/○

○さん、どうしたの?/実は、今、学校にいるんですが、授業が長引いてしまって…。 2. わくわくストアの鈴木でございます。/もしもし、アルバイトの○○です。/○○さん、どうしたの?/実は、まだ家にいるんですが、ちょっと体調が悪くて…。 3. きらきらマートの田中でございます。/もしもし、アルバイトの○○です。/○○さん、どうしたの?/実は、まだ駅の近くにいるんですが、自転車がパンクしてしまって…。

問題 1 Q1. ③ Q2. ① Q3. ①

2 Q1. ② Q2. ① Q3. ③

Q1. 実は、今、東京駅にいるんですが、事故で電車が止まっていて…。

①そうですか。よかったですね。 ②そうですか。それはたいへんですね。 ③そうですか。何がいるんですか。

Q2. 少し遅刻しそうなんです。

①わかりました。連絡ありがとう。 ②わかりました。遅刻しないんですね。 ③少しだけ、わかりました。

Q3. こっちは大丈夫だから、気をつけてきてくださいね。

①大丈夫ですか。じゃあ、休みます。 ②こちらこそ。気をつけます。 ③ありがとうございます。

3 ① c, に ② b, で ③ f, が ④ d, に ⑤ e, を

第13課

動画を見ましょう 例 1.「申し訳ないんですが」と言います。 2. 急におなかが痛くなったからです。 3. うちへ帰ります。

話す練習 1. 申し訳ないんですが、早退してもよろしいでしょうか。/あの…、実は頭が痛くなって…。 2. 申し訳ないんですが、ちょっと休憩してもよろしいでしょうか。/あの…、実は少し気分が悪くて…。 3. 申し訳ないんですが、来週の金曜日は休んでもよろしいでしょうか。/あの…、実は大学の面接試験があって…。

問題 1 Q1. ② Q2. ③ Q3. ①

2 Q1. ② Q2. ③ Q3. ③

Q1. 店長、すみません。急におなかが痛くなってしまって…。

①今日はもういいから、早くあげて。　②今日はもういいから、早くあがって。　③今日はもういいから、早くあがってきて。

Q2. 顔色が悪いみたいだけど、どうしたの？

①申し訳ないですから、早退したいんです。　②申し訳ないですよ、早退していただけませんか。

③申し訳ないんですが、早退してもいいですか。

Q3. すみません。熱があるので、お先に失礼します。

①元気でね。　②お先に。　③お大事に。

3　①c　②a　③b　④d　⑤e

第14課

動画を見ましょう　例1. 来月のシフトについて相談しました。　2. 7月14日に休みたいと言いました。　3. 学校の試験があるからです。

話す練習　**1**　1. ちょっとあしたの勤務時間について相談したいんですが、今、よろしいですか。

2. ちょっと来週金曜日の夕勤のシフトについて相談したいんですが、今、よろしいですか。

3. ちょっと来月の早朝勤務のシフトについて相談したいんですが、今、よろしいですか。

2　1. 実は…、日曜日に日本語のテストがあるので、休みをもらいたいんですが…。　2. 実は…、10月6日に大学の入試があるので、休みをもらいたいんですが…。　3. 実は…、来月、国の友達が来るので、休みをもらいたいんですが…。

問題　**1**　Q1. ①　Q2. ②　Q3. ③

2　Q1. ③　Q2. ②　Q3. ①

Q1. 来月のシフト、いつも通り月曜日と水曜日でいいかな。

①実は…、来月、試験があるから、休ませてあげませんか。　②実は…、来月、試験があるんです。休みましょう。　③実は…、来月、試験があるので、休みをもらいたいんですが…。

Q2. あした、アルバイトに入ってもらえる？

①はい、入らないかもしれません。　②はい、大丈夫です。　③はい、あした入ってもいいですか。

Q3. ジャンさん、どうしたの？

①シフトについて相談したいんですが、今、よろしいですか。　②シフトについて相談したいんですが、今、時間をとってください。　③シフトについて相談したいんですが、今、話しますか。

3　①d　②a　③c　④b

第15課

動画を見ましょう　例1. 揚げ物のセールがあります。　2. から揚げの欠品に気をつけなければなりません。　3. 10個ずつ仕込む予定です。

話す練習　1.「発注」はどういう意味ですか。/「発注」は商品を注文するという意味です。　2.「夕勤」はどういう意味ですか。/「夕勤」は夕方から夜まで働くという意味です。　3.「あがる」はどういう意味ですか。/「あがる」は退勤するという意味です。

問題　1　Q1. ②　Q2. ①　Q3. ①

2　Q1. ③　Q2. ①　Q3. ①

Q1. から揚げが欠品しないように気をつけてくださいね。

①あの、すみません。「欠品」はどうですか。　②あの、すみません。「欠品」はどうしますか。

③あの、すみません。「欠品」はどういう意味ですか。

Q2. から揚げはセールでよく売れますから、いつもより多めに仕込んでください。

①じゃあ、いつもは5個ずつですが、今日は10個ずつ仕込んでおきますね。　②じゃあ、いつもは10個ずつですが、今日は5個ずつ仕込んでおきますね。　③じゃあ、いつも通り、今日も5個ずつ仕込んでおきますね。

Q3. 他に質問はありませんか。

①はい、ありません。　②え、ないんですか。　③あ、大丈夫ですか。

3　①c　②d　③a　④b

第16課

動画を見ましょう　例1. 雨が降っています。　2. 傘立てを出してもらいました。　3. 4つです。（「店長、雨ですよ」「店長、傘立てを出してきました」「雨で床がぬれてましたよ」「店長、モップがけ、終わりました」）

話す練習　1. から揚げを揚げてもらえない?/悪いけど、牛肉コロッケもお願いしていいかな。/牛肉コロッケですね。　2. 床を掃除してもらえない?/悪いけど、トイレもお願いしていいかな。/トイレですね。　3. お菓子を補充してもらえない?/悪いけど、カップラーメンもお願いしていいかな。/カップラーメンですね。

問題　**1**　Q1. ②　Q2. ①　Q3. ③

2　Q1. ①　Q2. ③　Q3. ③

Q1. 傘立てを出してもらえない?

①はい、わかりました。出しておきます。　②はい、わかりました。出してあげます。　③はい、わかりました。出してもらえます。

Q2. 悪いけど、モップがけもお願いしていいかな。

①わかりました。すぐにやらなくてもいいです。　②わかりました。すぐにやってもいいです。　③わかりました。すぐにやります。

Q3. また後で、モップをかけておきますね。

①うん、じゃあ、またね。　②うん、こちらこそ。　③うん、よろしくね。

3　①d　②b　③a　④c

第17課

動画を見ましょう　例 1. 冷たい飲み物です。　2. アイスの納品量が多いです。　3. 冷たい飲み物とアイスコーヒー用の氷です。

話す練習　1. 今日はおでんが売れそうですね。/休憩の前に、おでんを補充しておいてね。　2. 今日は忙しくなりそうですね。/朝、早いうちに、床を掃除しておいてね。　3. 今日はお客様がたくさん来そうですね。/朝礼の後、すぐに、から揚げを揚げておいてね。

問題　**1**　Q1. ②　Q2. ①　Q3. ①

2　Q1. ①　Q2. ②　Q3. ③

Q1. こまめに補充をお願いね。

①はい、わかりました。　②はい、お願いします。　③はい、こうします。

Q2. 暑い日はやっぱり、冷たいものがよく売れるんですね。

①そうしましょう。　②そうだね。　③そうするべきです。

Q3. アイスコーヒー用の氷の補充も頼むね。

①はい、頼みます。　②はい、お願いします。　③はい、チェックしておきます。

3　a　c　d

第18課

動画を見ましょう　例1.「小さいサイズのマスクはないんですか。」と聞かれます。　2. 何も買わずに帰ってしまいます。　3. はい、いいと思いました。

話す練習　1. 野菜や果物を置いたらどうかと思ったんですが…。/この辺はスーパーがないから、ニーズがあるかもしれないね。　2. お客様が商品を詰める場所を作ったらどうかと思ったんですが…。/マイバッグを持ってくるお客様も増えてきたから、いいかもしれないね。　3. キャラクター商品をレジの近くに置いたらどうかと思ったんですが…。/子ども連れのお客様も増えてきたから、喜ばれるかもししないね。

問題　1　Q1. ②　Q2. ①　Q3. ③

2　Q1. ②　Q2. ③　Q3. ①

Q1. 店長、今、ちょっとよろしいですか。

①よいですか？　②どうしたの？　③どうでしょう？

Q2. ほしい商品がないと、お客様はすぐに帰ってしまうんです。

①そうなんだ。気が合うね。　②そうなんだ。気が向いたね。　③そうなんだ。気がつかなかった。

Q3. 小さいサイズのマスクも置いたらどうかと思ったんですが…。

①なるほど。　②こちらです。　③どうですか。

3　①マスク, d　②ユニフォーム, e　③マイバッグ, c　④スプーン, b　⑤パソコン, a

第19課

動画を見ましょう　例1. から揚げを入れ忘れてしまいました。　2. ジャンさんがすぐに店長に報告したからです。　3. おわびして、返金対応をします。

話す練習　1　1. 実は、先ほどのお客様に、スプーンを入れ忘れてしまいました。　2. 実は、

解答

先ほどのお客様に、おつりを間違えて渡してしまいました。　3. 実は、商品のお弁当を落としてしまいました。

2　1. おつりを間違えないように気をつけます。　2. 熱いものと冷たいものを一緒に入れないように気をつけます。　3. 二度と遅刻しないように気をつけます。

問題　1　Q1. ①　Q2. ③　Q3. ②

2　Q1. ②　Q2. ③　Q3. ①

Q1. 店長、どうしましょう。

①そうなの?　②どうしたの?　③こうするの?

Q2. ジャンさん、ミスをすぐに報告してくれてありがとう。

①ご連絡をいただきました。　②ご報告をしてあげました。　③ご迷惑をおかけして、すみません。

Q3. 二度と同じミスをしないように気をつけます。

①あまり気にしすぎないようにね。　②気をつけないでくださいね。　③ミスをしないはずです。

3　①ご/お　②お/お　③お　④ご　⑤お

第20課

動画を見ましょう　例 1. 40代、50代が多いことがわかります。　2. 近くのマンションに、子ども用の自転車がたくさんあるからです。　3. 客層を把握することです。

話す練習　1　1. 20代、30代のお客様が多いです。　2. 近くの大学の学生さんが多いです。　3. 会社員が多いです。

2　1. 近くには大学があって、大学生も多いようですね。　2. 近くの会社には営業用の車がたくさんあって、車で出かける人たちも多いようですね。　3. 近くには大きい公園があって、子ども連れも多いようですね。

問題　1　Q1. ②　Q2. ②　Q3. ③

2　Q1. ①　Q2. ③　Q3. ①

Q1. この店は、どんなお客様が多いと思いますか。

①20代ぐらいのお客様が多いです。　②朝が多いです。　③お弁当が多いです。

Q2. この店の近くには、ファミリー層が多いようですね。

①そうですね。これからは、もっと店に合った客層が必要です。　②そうですね。これからは、もっと客層に合ったマンションを多くします。　③そうですね。これからは、もっと客層に合った品ぞろえを考えます。

Q3. お客様に喜んでもらえるような発注をしてくださいね。

①はい、がんばります。　②ああ、その通り。　③ええ、たしかに。

3 ①1 b　2 c　②e　③1 a　2 d

第21課

動画を見ましょう 例1. 運動会があります。　2. 梅のおにぎりです。　3. 天気やイベント情報です。

話す練習 1 1. アイスクリームが売れそうです。　2. 冷たい飲み物が売れそうです。　3. 冷たい麺類が売れそうです。

2 1. 夏祭りがあるので…、ビールや炭酸飲料はどうでしょうか。　2. もうすぐクリスマスなので…、フライドチキンはどうでしょうか。　3. バレンタインデーが近いので…、チョコレートはどうでしょうか。

問題 1 Q1. ②　Q2. ①　Q3. ①

2 Q1. ③　Q2. ①　Q3. ②

Q1. あしたの天気はどうですか。

①えーっと、さっぱりしていますね。　②えーっと、おすすめですね。　③えーっと、いいみたいですね。

Q2. あしたは近くの小学校で、運動会があります。

①じゃあ、飲み物が売れそうですね。　②じゃあ、飲み物が作れそうですね。　③じゃあ、飲み物が高くなりそうですね。

Q3. 発注するときは、仮説を立ててください。

①はい、何にしましょうか。　②はい、わかりました。　③はい、立っていますね。

3 ①d　②b　③e　④a　⑤c

解答

第22課

動画を見ましょう　例1．新しいアルバイトにいろいろ仕事を教えることです。　2．床の掃除のしかたを教えました。　3．シートを捨てて、道具は元の場所に戻すように言いました。

話す練習　1．いいですね。/その調子で、ポテトも揚げてください。/じゃあ、揚げ物を売り場に並べましょう。　2．早いですね。/でも、ラベルを前にして、商品名がわかるようにしてください。/オリコンをたたんで、まとめておきましょう。　3．はい、そうですね。/検品は大切な仕事ですから、ていねいにやってください。/商品を棚に並べましょう。

問題　1　Q1．②　Q2．①　Q3．②

2　Q1．①　Q2．③　Q3．②

Q1．新しいアルバイトに、仕事をいろいろ教えてあげてください。

①はい、わかりました。　②はい、できました。　③はい、あげました。

Q2．床の掃除のしかたは、これでいいですか。

①いいですね。いろいろ教えてください。　②いいですね。棚に並べてください。　③いいですね。その調子で続けてください。

Q3．掃除が終わりました。

①お疲れさまでした。では、道具を出してください。　②お疲れさまでした。では、道具を片付けてください。　③お疲れさまでした。では、道具を見つけてください。

3　①○　②×　③×　④○

第23課

動画を見ましょう　例1．3年です。　2．もうすぐ2号店をオープンするからです。　3．もっとお客様のニーズを調査したり、店全体の業務の改善を進めたりすることです。

話す練習　1　1．はい、おかげさまでいろいろな仕事ができるようになりました。　2．はい、おかげさまで前より店全体のことがわかるようになりました。　3．はい、おかげさまでやりがいを持って働かせていただいています。

2　1．もっと品ぞろえの提案をしたり、売り上げに貢献したり、店長として認めてもらえるようにがんばります。　2．もっと発注の工夫をしたり、お客様のニーズにこたえたり、店長として認めてもらえるようにがんばります。　3. もっと商品知識を増やしたり、楽しく仕事ができる環境をつくったり、店長として認めてもらえるようにがんばります。

問題 1 Q1. ①　Q2. ②　Q3. ③

2 Q1. ②　Q2. ①　Q3. ②

Q1. 最近、仕事はどうですか。

①はい、しっかり認めました。　②はい、すっかり慣れました。　③はい、ゆっくり進めました。

Q2. 新人の教育、いつもありがとう。

①私自身も勉強になります。　②私自身もアルバイトなんです。　③私自身も教育します。

Q3. 店長になれるように、仕事をがんばります。

①はい、勉強しています。　②はい、応援しています。　③はい、教育しています。

3 ①1 e　2 b　②a　③d　④c

解答

さくいん

中級相当の語彙を五十音順に並べたリストです。数字はページ番号です（「会話」の中で使われている箇所を青色で示しています）。該当のページを見て、使い方を確認しましょう。

さくいん

著者

一般社団法人 全国各種学校日本語教育協会

2017年設立。学校教育法に基づき認可された全国の各種学校による協会。日本語教育の環境整備と各種学校日本語学校の振興を図り、日本語教育界の中核的役割を担う。また、日本の国際化推進、多文化共生社会の構築に資する活動を推進している。

執筆者

森下 明子　佐藤 恭子　福田 未来（学校法人アジアの風 岡山外語学院）

遠藤 由美子　古川 由美子　田邊 麻里江（学校法人ARC学園 ARC東京日本語学校）

笠井 理恵　山崎 木絵（学校法人大原学園 大原日本語学院）

協力

株式会社セブン - イレブン・ジャパン

動画出演

MAHARJAN DINESH　中田 奈美　鈴木 綾香　SEN SHERWYN

動画で学ぶ コンビニの日本語

どうが　まな　にほんご

2023年12月18日初版　第1刷　発行

著　者　一般社団法人 全国各種学校日本語教育協会
協　力　株式会社セブン-イレブン・ジャパン
翻　訳　英語：桜井俊二・鷹家秀史
中国語：陳杏如・中馬東明
ベトナム語：TS. Nguyễn Thị Ái Tiên・Trần Mai Hương
ミャンマー語：TUN TUN LATT @ ZAY MANN
ネパール語：SUIREN JAPANESE LANGUAGE CENTER PVT. LTD.
ナレーション　森谷里美　増田竜馬
カバーデザイン　岡崎裕樹
イラスト　大橋諒子
本文デザイン　武田理沙（ごぼうデザイン事務所）
DTP　株式会社創樹
発行人　天谷修身
発　行　株式会社アスク
〒162-8558
東京都新宿区下宮比町2-6
TEL 03-3267-6864　FAX 03-3267-6867
https://www.ask-books.com/
印刷・製本　株式会社暁印刷

ISBN 978-4-86639-706-1

アンケートにご協力ください

PC https://www.ask-books.com/review　Smartphone